GOETHE ALS ESOTERIKER

MAX SEILING

GOETHE ALS ESOTERIKER

Herausgegeben und mit einem Nachwort versehen von

Trutz Hardo

Verlag „Die Silberschnur" GmbH

ISBN 3-923 781 - 22 - 9

1. Auflage 1988
Druck: Strüder-Druck, Neuwied
Printed in Germany

Verlag *„Die Silberschnur“* GmbH
D 5451 MELSBACH/NEUWIED, Gartenstr. 15

Inhaltsverzeichnis

EINLEITUNG

Max Seiling wurde 1852 in Mittenwald geboren, studierte Maschinenbau und lehrte an der Technischen Hochschule in München, bevor er als Professor für mechanische Technologie an das Politechnikum in Helsingfors, dem späteren Helsinki, berufen wurde. „Ich hatte es also mit angewandter Naturwissenschaft zu tun," schreibt er in einem Beitrag zur Monatsschrift „Revalo Bund" (2. Jahrgang, Januar 1926), „die einen Hang zum Übersinnlichen weder hervorrufen, noch fördern. Daneben habe ich allerdings auch philosophische Studien betrieben, war aber schließlich zu einer Weltanschauung gelangt, die das individuelle Weiterleben nach dem Tode ausschließt, so daß ich also auch in dieser Beziehung für den Spiritismus nicht empfänglich war. Da wurde ich (Ende 1893) unvermutet zu spiritistischen Sitzungen eingeladen, in denen ich das seltene und geheimnisvolle Phänomen der Materialisation in ebenso einwandfreier wie ausgiebiger Weise erleben sollte."

Denn nach Helsingfors kam das berühmte englische Medium Madame d' Espérance (Elisabeth Hope) und hielt u.a. auch in seiner Wohnung Séancen ab, in welchen sich die verschiedensten Geistwesen (Verstorbene) – darunter auch Kinder – materialisierten und sich berühren ließen. Nach eingehender Untersuchung streng wissenschaftlicher Art von der Echtheit dieser Phänomene überzeugt, verwandelte sich der Materialist Professor Max Seiling nach und nach durch weiterführende Studien mit dem Okkultismus und durch Begegnungen mit Aksakov und du Prel in einen Spiritualisten, der sich bald entschieden gegen den schädlichen Einfluß des Materialismus einsetzte, wie dieser von Ernst Haeckel und anderen Gelehrten propagiert wurde. Als letztere Goethe als einen der ihren deklarierten, fühlte sich Max Seiling herausgefordert, eine Gegenschrift mit dem Titel „Goethe und der Materialismus" zu verfassen, in welcher er viele Zitate und Belege zusammentrug, aus denen allzudeutlich hervorgeht, daß der Deutschen größte Geist ein entschiedener Gegner einer materialistischen Weltauffassung sein mußte.

Seilings vorliegendes Buch mit dem ursprünglichen Titel „Goethe als Okkultist" vereint im wesentlichen jene schon in den beiden ersten Schriften „Goethe und der Okkultismus" und „Goethe und der Materialismus" (1904) gesammelten Goethezitate nebst jenen, die er in den darauffolgenden Jahren in dem Werk des Dichters fand. Die vorliegende Ausgabe des 1919 erschienenen Buches „Goethe als Okkultist" bringt dessen vollständigen Text unter Weglassung einiger weniger zeitbezüglicher Anmerkungen oder Hinweise, die für den heutigen Leser ohne Belang wären, fügt jedoch am Ende des Kapitels „Goethe über die Unsterblichkeit" noch ein Goethe-Gedicht und das ausführliche Gespräch des Dichters mit Falk hinzu unter Hinweglassung einer kurzen Zusammenfassung desselben sowie fünf Zitierungen daraus, zumal die beiden vom Herausgeber für wichtig befundenen Einfügungen in Seilings Buch „Goethe und der Materialismus" bereits vollständig wiedergegeben worden waren. Außerdem wurden in vorliegender Ausgabe einige abgekürzte Worte und Namen ausgeschrieben. Um den Text aufzulockern und dem Leser zu ermöglichen, das, was ihn besonders interessiert, leichter aufzufinden, hat es sich der Herausgeber erlaubt, Zwischenüberschriften in die Kapitel einzufügen.

Hofrat Professor Seiling, der sich eingehend mit Goethe und Wagner beschäftigt hatte, stand längere Zeit Rudolf Steiner und der anthroposophischen Bewegung nahe, bevor er sich einem katholischen Mystizismus zuneigte, der jedoch mit seinem esoterischen Weltbild in keinem Widerspruch stand. Als engagierter Streiter wider den Materialismus sympathisierte er mit der Naturheilkunde, war überzeugter Vegetarier und setzte sich für den Tierschutz und die Antivivisektionsbewegung ein. 1928 ist er in Speyer im Alter von 76 Jahren gestorben.

ERLEBNISSE GOETHES AUF OKKULTEM GEBIETE

Dieser Abschnitt meiner Schrift „Goethe und der Okkultismus" hat mir die meisten abfälligen Bemerkungen eingetragen, weil die betreffenden Erlebnisse zu schlecht beglaubigt seien. Ich fragte, welche Art der Beglaubigung würde dem richtigen Skeptiker wohl genügen? Sicherlich gar keine, da er unbesonnen genug ist, nur den eigenen Sinnen zu vertrauen. Stände aber eine Sinneswahrnehmung im Widerspruch mit seinen Theorien, dann würde er diesen zuliebe sogar seine Sinne ableugnen, ein Verhalten, das schon Goethe (in einem Briefe an Merk) dem „Gelehrten von Profession" zugetraut hat. Selbst wenn aber manche Berichte preisgegeben werden müßten, wäre damit für die Hauptfrage, ob nämlich Goethe die okkulten Phänomene für möglich und tatsächlich gehalten, gar nichts verloren; denn diese Frage ist eben im vollsten Umfang zu bejahen. Wenn ich trotzdem eine ganze Reihe von Erlebnissen vorführe, so geschieht es nicht nur um der allgemeinen Merkwürdigkeit willen, sondern namentlich aus dem Grunde, Goethes geradezu verblüffende Vorurteilslosigkeit und weiten Blick einigermaßen begreiflich zu machen. Und wenn er über gewisse Erlebnisse nichts an eine weitere Öffentlichkeit gelangen ließ, so erklärt sich dies aus seiner, in manchen Dingen beliebten, vielfach (namentlich vom Kanzler Friedrich von Müller) bezeugten Verschwiegenheit, seiner Ehrfurcht vor dem Geheimnisvollen und der Scheu, dieses entweiht zu sehen; wurde er doch sogar der „Heros im Schweigen" genannt. Auch sei daran erinnert, daß er die Tugend der Verschwiegenheit mit den Versen gefeiert hat:

Zieret Stärke den Mann und freies, mutiges Wesen,
O! So ziemet ihm fast tiefes Geheimnis noch mehr.
Städtebezwingerin du, Verschwiegenheit! Fürstin der Völker!
Teure Göttin, die mich sicher durchs Leben geführt!

Der Zweifel wandte sich indessen auch gegen Goethes eigene Berichte, insofern sie „dichterisch gefärbt" seien. Ein besonderer Grund zu dieser von oberflächlichen Beurteilern gemachten Annahme ist allerdings mit dem Untertitel „Wahrheit und Dichtung" der Selbstbiographie „Aus meinem Leben" gegeben, der mehreres zu entnehmen war. Ein Mitarbeiter des „Türmer" machte einmal die immerhin berechtigte Bemerkung, daß in öffentlichen Bekenntnissen stets ein oft nicht kleiner Rest von verborgener Eitelkeit und Selbsttäuschung stecke, worauf er fragt: „Ist es nicht ein rührendes wirkliches Bekenntnis, daß ein ganz Großer wie Goethe seinen „Bekenntnissen" die Überschrift: „Wahrheit und Dichtung" gegeben hat?" Mit dieser Auffassung könnte ein Anti-Okkultist im Übereifer die freilich mehr als dreiste Behauptung aufstellen, daß meine Zitate, soweit sie „Wahrheit und Dichtung" entnommen sind, ganz und gar in den Bereich der Dichtung fallen. Dem gegenüber ist es nun sehr wichtig zu wissen, was Goethe selbst an Zelter (1830) geschrieben hat: „Was den freilich einigermaßen paradoxen Titel der Vertraulichkeiten aus meinem Leben: „Wahrheit und Dichtung" betrifft, so ward derselbige durch die Erfahrung veranlaßt, daß das Publikum immer an der Wahrhaftigkeit solcher biographischen Versuche einige Zweifel hege. Diesem zu begegnen, bekannte ich mich zu einer Art von Fiktion, gewissermaßen ohne Not, durch einen gewissen Widerspruchsgeist getrieben; denn es war mein ernsthaftestes Bestreben, das eigentliche Grundwahre, das, insoferne ich es einsah, in meinem Leben obgewaltet hatte, möglichst darzustellen und auszudrücken." Und zu Eckermann hat Goethe gelegentlich (März 1831) geäußert: „Es sind lauter Resultate meines Lebens, und die erzählten einzelnen Fakta dienen bloß, um eine allgemeine Beobachtung, eine höhere Wahrheit zu bestätigen. Ich nannte das Buch „Wahrheit und Dichtung", weil es sich durch höhere Tendenzen aus der Region einer niederen Realität erhebt." Von einer Anzweiflung der Wahrheit der biographischen Einzelheiten kann also gar keine Rede sein.

SCHRECKHAFTE TRÄUME ALS KIND

Erlebnisse auf okkultem Gebiete setzen in vielen Fällen bestimmte Anlagen bei demjenigen voraus, der sie haben will oder gehabt hat. Solche Anlagen besaß Goethe. Schon im gewöhnlichen Leben machte sich bei ihm eine hoch gesteigerte Empfindlichkeit geltend, die bei den verschiedensten Anlässen zutage trat. Da ist zunächst bemerkenswert, was Bettina von Arnim an ihren väterlichen Freund schrieb (Nov. 1810), nachdem sie sich von dessen Mutter hatte Bericht erstatten lassen: „Von seiner Kindheit: wie er schon mit neun Wochen ängstliche Träume gehabt, wie Großmutter und Großvater und Mutter und Vater und die Amme um seine Wiege gestanden und lauschten, welche heftige Bewegungen sich in seinen Mienen zeigten, und wenn er erwachte, in ein sehr betrübtes Weinen verfallen, oft auch sehr heftig geschrien hat, so daß ihm der Atem entging und die Eltern für sein Leben besorgt waren; Sie schafften eine Klingel an; wenn sie merkten, daß er im Schlaf unruhig ward, klingelten und rasselten sie häufig, damit er bei dem Aufwachen gleich den Traum vergessen möge; einmal hatte der Vater ihn auf dem Arm und ließ ihn in den Mond sehen, da fiel er plötzlich wie von etwas erschüttert zurück und geriet so außer sich, daß ihm der Vater Luft einblasen mußte, damit er nicht ersticke."

SEINE ÜBEREMPFINDLICHKEIT

Goethes letzter Arzt, Dr. Vogel, berichtet, daß er gegen Medizin ungewöhnlich empfänglich und empfindlich war, so daß ihm schwächere Dosen verschrieben werden mußten, als sonst üblich waren.

Namentlich aber richtete sich sein Befinden gleichsam nach dem Barometer; bei hohem Barometerstande fühlte er sich am wohlsten; stand es niedrig, so war es ihm schwer, anders als mißmutig und untätig zu sein. Er gehörte, wie er selbst einmal sagte, zu den wenigen Menschen, die den Barometerstand unmittelbar empfinden. Überhaupt litt er sehr unter den Unbilden der Witterung, zumal an dunklen Wintertagen. Andererseits wirkten Gemütsbewegungen so mächtig auf ihn ein, daß sie nicht selten Krankheiten zur Folge hatten. Die Dichtung „Der arme Heinrich" legt er schnell aus der Hand; denn die darin geschilderte Krankheit „wirkt auf ihn so gewaltig, daß er sich vom bloßen Berühren eines solchen Buches schon angesteckt glaubt." Ja, er konnte, wie er Schiller gestand, eine tragische Situation niemals ohne ein lebhaftes pathologisches Interesse erfassen; schon der bloße Versuch, eine Tragödie zu schreiben, hätte ihn „zerstören" können.

MYSTISCHE ZUSTÄNDE

Eigentlich mystische, an sich selbst erfahrene Zustände hat Goethe wiederholt geschildert: So schreibt er in den „Briefen aus der Schweiz" (1780): „Mit welchen sonderbaren Eigenheiten sind wir doch geboren! Welches unbestimmte Streben wirkt in uns! Wie seltsam wirken Einbildungskraft und körperliche Stimmungen gegeneinander! Sonderbarkeiten meiner frühen Jugend kommen wieder hervor. Wenn ich einen langen Weg vor mich hingehe und der Arm an meiner Seite schlenkert, greif ich manchmal zu, als wenn ich einen Wurfspieß fassen wollte, ich schleudere ihn, ich weiß nicht auf wen, ich weiß nicht auf was; dann kommt ein Pfeil gegen mich angeflogen und durchbohrt mir das Herz, ich schlage mit der Hand auf die Brust und fühle eine unaussprechliche Süßigkeit, und kurz darauf bin ich wieder in meinem natürlichen Zustande. Woher kommt mir die Erscheinung? Was soll sie heißen, und warum wiederholt sie sich immer ganz mit denselben Bildern, derselben körperlichen Bewegung, derselben Empfindung?"

Von einem mystischen Zustand anderer Art ist im 14. Buch der Selbstbiographie die Rede: „Ein Gefühl aber, das bei mir gewaltig überhandnahm und sich nicht wundersam genug äußern konnte, war die Empfindung der Vergangenheit und Gegenwart in eins, eine Anschauung, die etwas Gespenstermäßiges in die Gegenwart brachte."

ENTSCHEIDUNGSSUCHE DURCH ORAKEL

Im 13. Buch des gleichen Werkes erzählt Goethe, wie er einmal in einer eigentümlichen Gemütsverfassung das Schicksal befragte und sich vom erhaltenen Orakel in seiner Handlungsweise beeinflussen ließ: „Ich wanderte auf dem rechten Ufer des Flusses, der in einiger Tiefe und Entfernung unter mir, von reichem Weidengebüsch zum Teil verdeckt, im Sonnenlicht hingleitete. Da stieg in mir der alte Wunsch wieder auf, solche Gegenstände würdig nachahmen zu können. Zufällig hatte ich ein schönes Taschenmesser in der linken Hand, und in dem Augenblick trat aus dem tiefen Grunde der Seele gleichsam befehlshaberisch hervor, ich sollte dieses Messer ungesäumt in den Fluß schleudern: sähe ich es hineinfallen, so würde mein künstlerischer Wunsch erfüllt werden; würde aber das Eintauchen des Messers durch die überhängenden Weidenbüsche verdeckt, so sollte ich Wunsch und Bemühung fahren lassen. So schnell, als diese Grille in mir aufstieg, war sie auch ausgeführt: denn ohne auf die Brauchbarkeit des Messers zu sehen, das gar manche Gerätschaften in sich vereinigte, schleuderte ich es mit der Linken, wie ich es hielt, gewaltsam nach dem Flusse hin. Aber auch hier mußte ich die trügerische Zweideutigkeit der Orakel, über die man sich im Altertum so bitter beklagt, erfahren. Des Messers Eintauchen in den Fluß ward mir durch die letzten Weidenzweige verborgen, aber das dem Sturz entgegenwirkende Wasser sprang wie eine starke Fontaine in die Höhe und war mir vollkommen sichtbar. Ich legte diese Erscheinung nicht zu meinen Gunsten aus, und der durch sie in mir erregte Zweifel war in der Folge schuld, daß ich diese Übungen unterbrochener und fahrlässiger anstellte, und dadurch selbst Anlaß gab, daß die Deutung des Orakels sich erfüllte. Wenigstens war mir für den Augenblick die Außenwelt verleidet." Ein nicht mystisch Veranlagter hätte sicherlich statt des wertvollen Messers einen Stein genommen und das Orakel gegebenen Falles wiederholt befragt, um sich schließlich doch nicht daran zu kehren. Daß Orakelsprüche zu respektieren sind, scheint Goethe zuerst bei seiner Mutter beobachtet zu haben; wenigstens erzählt er im 3. Buche von „Aus meinem Leben", daß seine Mutter gelegentlich „doppelt getröstet war, da sie des Morgens, als sie das Orakel ihres Schatzkästleins durch einen Nadelstich befragte, eine für die Gegenwart sowohl als für die Zukunft sehr tröstliche Antwort erhalten hatte." Ferner heißt es in den „Noten zum Westöstlichen Divan" mit Bezug auf das Buchorakel: „Wir waren früher mit Personen genau verbunden, welche sich auf diese Weise bei der Bibel, dem Schatzkästlein und ähnlichen Erbauungswerken zutraulich Rats erholten und mehrmals in den größten Nöten Trost, ja Bestärkung fürs ganze Leben gewannen."

Da eine vollständige Trennung von Erlebnissen und Äußerungen nicht wohl durchzuführen ist, sei hier gleich darauf hingewiesen, daß die Geneigtheit Goethes, an Orakel zu glauben, auch aus dem Verhalten Eduards in den „Wahlverwandtschaften" (in denen „jede Zeile selbst erlebt" ist) spricht, als ein bei der Grundsteinlegung in die Lüfte geworfenes Glas, das mit Eduards und Ottilies Namenszug versehen, nicht in Trümmer ging. „So will ich mich denn selbst," rief Eduard sich zu, „an die Stelle des Glases zum Zeichen machen, ob unsere Verbindung möglich sei oder nicht. Ich gehe hin und suche den Tod, nicht als ein Rasender, sondern als einer, der zu leben hofft. Ottilie soll der Preis sein, um den ich kämpfe. Ich will Wunder tun mit dem Wunsche, verschont zu bleiben, im Sinne, Ottilien zu gewinnen, nicht sie zu verlieren. Diese Gefühle haben mich geleitet, sie haben mir durch alle Gefahren beigestanden." Bezeichnenderweise stellt sich nun aber nach Ottiliens Tode heraus, daß das echte, mit einem Kennzeichen versehene Glas „unlängst zerbrochen" sei.

ABERGLÄUBISCHES VERHALTEN

Mit Napoleon und anderen großen Männern hatte er den Glauben an ein vorheriges Eintreten kleiner Unglücksfälle vor einem größeren gemein. Als er daher einmal mit Hofrat Meyer eine Badereise nach Baden-Baden antrat, nicht ferne von der Stadt aber der Wagen auf ganz ebener Straße umschlug und der Begleiter verletzt wurde, kehrte er sogleich um und brachte den Sommer in dem kleinen Badeort Teustädt zu. Ja, er ging, durch diesen Glauben geführt (wie R. W. Müller in „Goethes letzte literarische Tätigkeit" berichtet), zuweilen bis in das scheinbar Kleinliche. So hing in seiner Stube ein Wandkalender, der durch ein Futteral von Pappdeckel gegen Verunreinigung geschützt war. Er würde großen Anstand genommen haben, an einem Tage, dessen Stelle auf diesem Kalender beschmutzt war, etwas Bedeutendes anzufangen. Zum Abschied von Rom veranlaßte ihn ein „Wink höherer Dämonen". In den Tag- und Jahresheften 1801 rät er, „ein Unternehmen, wenn es gelingen soll, nicht auszusprechen." Mit Vorliebe stellt er abergläubische Sagen des Volkes dar. Auch findet sich in seinen Werken der ganze Apparat von Zaubermitteln des Volksaberglaubens. Noch sei bemerkt, daß W. Aron im Goethe-Jahrbuch (1912 u. 1913) eine große Abhandlung über „Goethes Stellung zum Aberglauben" schreiben konnte.

PRÄKOGNITIVE FÄHIGKEITEN SEINES GROSSVATERS

Von der Möglichkeit des Vorausschauens hatte schon der Knabe zwingende Beweise durch seinen Großvater erhalten. Hierüber berichtet er in seiner Lebensbeschreibung folgendermaßen: „Was die Ehrfurcht, die wir für diesen würdigen Greis empfanden, bis zum höchsten steigerte, war die Überzeugung, daß derselbe die Gabe der Weissagung besitze, besonders in Dingen, die ihn selbst und sein Schicksal betrafen. Zwar ließ er sich gegen niemanden als gegen die

Großmutter entschieden und umständlich heraus, aber wir alle wußten doch, daß er durch bedeutende Träume von dem, was sich ereignen sollte, unterrichtet werde. So versicherte er z.B. seiner Gattin, zur Zeit, als er noch unter die jüngeren Ratsherren gehörte, daß er bei der nächsten Vakanz auf der Schöffenbank zu der erledigten Stelle gelangen würde. Und als wirklich bald darauf einer der Schöffen vom Schlage gerührt starb, verordnete er am Tage der Wahl und Kugelung, daß zu Hause im Stillen alles zum Empfang der Gäste und Gratulanten solle eingerichtet werden, und die entscheidende goldene Kugel ward wirklich für ihn gezogen. Den einfachen Traum, der ihn hiervon belehrte, vertraute er seiner Gattin folgendermaßen: Er habe sich in voller gewöhnlicher Ratsversammlung gesehen, wo alles nach hergebrachter Weise vorgegangen sei. Auf einmal habe sich der nun verstorbene Schöffe von seinem Sitz erhoben, sei herabgestiegen und habe ihm auf eine verbindliche Weise das Kompliment gemacht, er möge den verlassenen Platz einnehmen, und sei darauf zur Türe hinausgegangen.

Etwas Ähnliches begegnete, als der Schultheiß mit Tode abging. Man zaudert in solchem Falle nicht lange mit Besetzung dieser Stelle, weil man immer zu fürchten hat, der Kaiser werde sein altes Recht, einen Schultheißen zu bestellen, irgend einmal wieder hervorrufen. Diesmal ward um Mitternacht eine außerordentliche Sitzung auf den anderen Morgen durch den Gerichtsboten angesagt. Weil diesem nun das Licht in der Laterne verlöschen wollte, so erbat er sich ein Stümpfchen, um seinen Weg weiter fortsetzen zu können.

„Gebt ihm ein ganzes!“ sagte der Großvater zu den Frauen, „er hat ja doch die Mühe um meinetwillen.“

Dieser Äußerung entsprach auch der Erfolg: er wurde wirklich Schultheiß, wobei der Umstand noch besonders merkwürdig war, daß, obgleich sein Repräsentant bei der Kugelung an der dritten und letzten Stelle zu ziehen hatte, die zwei silbernen Kugeln zuerst herauskamen, und also die goldene für ihn auf dem Grunde des Beutels liegenblieb.

Völlig prosaisch, einfach und ohne Spur von Phantastischem oder

Wundersamen waren auch die übrigen der uns bekannt gewordenen Träume. Ferner erinnere ich mich, daß ich als Knabe unter seinen Büchern und Schreibkalendern gestöbert und darin unter anderen auf Gärtnerei bezügliche Anmerkungen aufgezeichnet gefunden: Heute Nacht kam ... zu mir und sagte ... Name und Offenbarung waren in Ziffern geschrieben. Oder es stand auf gleiche Weise: Heute Nacht sah ich ... Das übrige war wieder in Ziffern, bis auf die Verbindungs- und anderen Worte, aus denen sich nichts entnehmen ließ.

Bemerkenswert bleibt es hierbei, daß Personen, welche sonst keine Spur von Ahnungsvermögen zeigten, in seiner Sphäre für den Augenblick die Fähigkeit erlangten, daß sie von gewissen gleichzeitigen, obwohl in der Entfernung vorgehenden Krankheits- und Todesereignissen durch sinnliche Wahrzeichen eine Vorempfindung hatten."

EIGENE PRÄKOGNITIVE FÄHIGKEITEN

Indem er mit dem letzten Satz auch die Telepathie anerkennt, macht er dann noch die sonderbare Bemerkung: „Aber auf keines seiner Kinder und Enkel hat eine solche Gabe fortgeerbt." Inzwischen war er selbst nicht nur ein im allgemeinen mystisch veranlagter Mensch, sondern er hat auch Proben seiner visionären Fähigkeit abgelegt. Das wichtigste und bekannteste Erlebnis in dieser Beziehung ist die eine Art Wahrtraum bildende Vision, welche der Dichter nach seinem Abschied von Sesenheim gehabt und gegen Ende des 11. Buches von „Aus meinem Leben" also beschrieben hat: „Als ich Friederike die Hand noch vom Pferde reichte, standen ihr die Tränen in den Augen, und mir war sehr übel zu Mute. Nun eilte ich auf dem Fußpfade gegen Drusenheim, und da überfiel mich eine der sonderbarsten Ahnungen. Ich sah nämlich, nicht mit den Augen des Leibes, sondern des Geistes, mich mir selbst denselben Weg zu Pferde wieder entgegenkommen und zwar in einem Kleide, wie ich es nie getragen: es war hechtgrau mit etwas Gold. Sobald ich mich aus diesem Traume aufschüttelte, war die Gestalt ganz hinweg. Sonderbar ist es jedoch, daß ich nach acht Jahren in demselben Kleide, das mir geträumt hatte, und das ich nicht aus Wahl, sondern aus Zufall gerade trug, mich auf demselben Wege fand, um Friederike noch einmal zu besuchen. Es mag sich übrigens mit diesen Dingen, wie es will, verhalten, das wunderliche Trugbild gab mir in jenen Augenblicken des Scheidens eine Beruhigung. Der Schmerz, das herrliche Elsaß mit allem, was ich darin erworben, auf immer zu verlassen, war gemildert, und ich fand mich, dem Traume des Lebewohls endlich entflohen, auf einer friedlichen und erheiternden Reise so ziemlich wieder."

SEIN VORAUSAHNEN VON SCHILLERS TOD

Ferner berichtet der mit den beiden Dichterfürsten auf sehr vertrautem Fuß gestandene Heinrich Voß am 12. Aug. 1806 an Christian Niemeyer: „Am Morgen des letzten Neujahrstages, den Schiller erlebte, schreibt Goethe ihm ein Gratulationsbillet. Als er es aber durchliest, findet er, daß er darin geschrieben hatte: ‚Der letzte Neujahrstag' statt ‚erneute' oder ‚wiedergekehrte' oder dergleichen. Voll Schrecken zerreißt er es und beginnt ein neues. Als er an die ominöse Stelle kommt, kann er sich wiederum nur mit Mühe zurückhalten, etwas vom ‚letzten' Neujahrstage zu schreiben. So drängte ihn die Ahnung! Denselben Tag besuchte er die Frau von Stein, erzählt ihr, was ihm begegnet sei und äußert, es ahne ihm, daß entweder er oder Schiller in diesem Jahre scheiden werde."

Diese Ahnung von Schillers Tode ist auch von Dr. med. Freudenberg in der „Übersinnlichen Welt" (Juni 1904) zur Sprache gebracht worden, und zwar – was ganz wertvoll ist – aufgrund einer anderen Quelle. Dr. Freudenberg hat sich der dankenswerten Mühe unterzogen, alle möglichen Angaben dafür beizubringen, daß um die Zeit, wo Goethe jene Vorahnung hatte, durchaus keine Veranlassung vorlag, an das Schlimmste zu denken, am wenigsten aber bei Schiller. „Auch ist", schließt der Berichterstatter treffend, „das Ereignis an sich so markant und eigenartig, daß man es schwerlich mit der allgemeinen Phrase abtun kann, es sei ganz alltäglich, daß, wenn ein älterer leidender Herr einem gleichfalls kränkelnden Freunde zum neuen Jahr gratuliere, sich ihm die Ahnung aufdränge, es möchte das kommende Jahr das letzte für den Bestand des Freundschaftsbundes sein. Wären uns nicht tausendfache vollbeglaubigte Beispiele von Voraussehen bekannt und böte nicht die Geschichte gerade des Goetheschen Lebens so manchen eigentümlichen Zug, so würde auch ich mit Hunderttausenden sprechen: Ein großer Dichter, aber von Aberglauben nicht freier Denker hat hier in einem zufälligen seltsamen Ereignis eine üble Vorbedeutung erblickt, und die so zutagegetretene Ahnung ist zufälligerweise zur Wahrheit geworden. Aber da sich dieses Ereignis in einen Kranz ähnlicher Erscheinungen einreiht, verdenke ich es niemand, wenn er in demselben ein Vorkommnis höherer Ordnung sieht, ein Vorkommnis, welches keineswegs über der menschlichen Seelentätigkeit überhaupt, sondern nur über der normalen einer solchen liegt und welches daher mit Recht als ein ‚supranormales' oder ‚übersinnliches' bezeichnet werden dürfte. Jedenfalls würde er sich bei dieser Annahme in keiner schlechteren Gesellschaft befinden, als in derjenigen eines – Goethe."

DIE WAHRNEHMUNG DES ERDBEBENS VON MESSINA

Wahrscheinlich war neben großer Sensitivität ein visionäres Schauen auch mit im Spiele, als Goethe in seinem Bett zu Weimar das Erdbeben von Messina richtig wahrgenommen hat. Eckermann ließ sich (Nov. 1823) hierüber vom langjährigen Kammerdiener berichten, wie folgt: „Die Naturforschung war schon damals seine Sache. Einst klingelte er mitten in der Nacht, und als ich zu ihm in die Kammer trete, hat er sein eisernes Rollbett vom untersten Ende der Kammer herauf bis ans Fenster gerollt und liegt und betrachtet den Himmel. „Hast du nichts am Himmel gesehen?" fragte er mich, und als ich dies verneinte: „So laufe einmal nach der Wache und frage den Posten, ob der nichts gesehen hat.“ Ich lief hin, der Posten hatte aber nichts gesehen, welches ich meinem Herrn meldete, der noch ebenso lag und den Himmel unverwandt beobachtete. „Höre,“ sagte er dann zu mir, „wir sind in einem bedeutenden Moment; entweder wir haben in diesem Augenblick ein Erdbeben oder wir bekommen eins.“ Und nun mußte ich mich zu ihm aufs Bett setzen, und er demonstrierte mir, aus welchen Merkmalen er das abnehme.“ Eckermann fragte den ehemaligen Kammerdiener, ob er denn Goethen jenen Ausspruch sogleich aufs Wort geglaubt habe. „Ja,“ sagte er, „ich glaubte ihm aufs Wort; denn was er vorhersagte, war immer richtig. Am nächsten Tage,“ fuhr er fort, „erzählte mein Herr seine Beobachtungen bei Hofe, wobei eine Dame ihrer Nachbarin ins Ohr flüsterte: „Höre! Goethe schwärmt!“ Der Herzog aber und die übrigen Männer glaubten an Goethe, und es wies sich auch bald aus, daß er recht gesehen, denn nach einigen Wochen kam die Nachricht, daß in derselbigen Nacht ein Teil von Messina durch ein Erdbeben zerstört worden sei.“

ER SCHREIBT SEINE DICHTUNGEN ALS „NACHTWANDLER“

Nach **einer** Richtung war Goethes mystische Veranlagung besonders ausgesprochen: er hat die meisten seiner Werke in einem traumhaften Zustand geschrieben, der bisweilen sogar von eigentlicher Inspiration begleitet gewesen zu sein scheint. Schon im Jahre 1778 schrieb er an Merk: „Auch mach’ ich manches in der Dumpfheit, das wohl das beste ist.“ Zwei Jahre hinterher bemerkt er in einem Brief an Charlotte v. Stein: „Zwischen so einer Stunde, wo die Dinge so lebendig in mir werden, und meinem Zustand in diesem Augenblick, wo ich jetzt schreibe, ist ein Unterschied wie Traum und Wachen.“ Im 16. Buch von „Aus meinem Leben“ steht: „In eben diesem Sinne griff ich weit lieber zu dem Bleistift, welcher williger die Züge hergab: denn es war mir einigemal begegnet, daß das

Schnarren und Spritzen der Feder mich aus meinem nachtwandlerischen Dichten aufweckte, mich zerstreute und ein kleines Produkt in der Geburt erstickte. Für solche Poesien hatte ich eine besondere Ehrfurcht, weil ich mich doch ungefähr gegen dieselben verhielt, wie die Henne gegen die Küchlein, die sie ausgebrütet um sich her piepsen sieht. Meine frühere Lust, diese Dinge nur durch Vorlesungen mitzuteilen, erneute sich wieder, sie aber gegen Geld umzutauschen, erschien mir abscheulich." Nebenbei sei erwähnt, daß Goethe im selben Buche kurz vorher von seinen „werten Mystikern" spricht. An Knebel schrieb er 1814: „Mit Riemer lese ich jetzt, eine neue Ausgabe vorbereitend, Wilhelm Meister. Da ich dieses Werklein, sowie meine übrigen Sachen, als Nachtwandler geschrieben."

Wiederholt hat Goethe sich über die Entstehung des Gedichtes „Um Mitternacht" ausgesprochen. In den „Annalen" (1818) sagt er: „Ein wundersamer Zustand bei hehrem Mondenschein brachte mir das Lied: „Um Mitternacht", welches mir desto lieber und werter ist, da ich nicht sagen könnte, woher es kam und wohin es wollte." Ganz ähnlich äußert er sich in der Besprechung der dieses Gedicht enthaltenden „Neuen Liedersammlung von C. Fr. Zelter" (1821). Daß der Dichter auch bei anderen Gelegenheiten im eigentlichen Sinne des Wortes inspiriert war, geht aus einer gegen Eckermann (März 1830) gemachten Äußerung hervor. Nachdem Goethe bemerkt, daß er die meisten seiner Balladen viele Jahre lang im Kopfe hatte, bis er sie endlich auf Betreiben Schillers zu Papier brachte, fuhr er fort: „Zu anderen Zeiten ging es mir mit meinen Gedichten gänzlich anders. Ich hatte davon vorher durchaus keine Eindrücke und keine Ahnung, sondern sie kamen plötzlich über mich und wollten augenblicklich gemacht sein, so daß ich sie auf der Stelle instinktmäßig und traumartig niederzuschreiben mich getrieben fühlte. In solchem nachtwandlerischen Zustande geschah es oft, daß ich einen ganz schief liegenden Papierbogen vor mir hatte, und daß ich dieses erst bemerkte, wenn alles geschrieben war, oder wenn ich zum Weiterschreiben keinen Platz fand." Diesem geradezu an Schreibmediumschaft erinnernden Schaffen ist es zweifellos zuzuschreiben, daß ihm manche seiner Werke später ganz fremdartig vorkamen.

POESIE IST EINGEBUNG

Die Ansicht, daß überhaupt die echte künstlerische Tätigkeit auf ein transzendentales Moment zurückzuführen ist, hat er einmal auf sehr bestimmte Weise vertreten, als er mit Eckermann (Juni 1831) über den Begriff „Komposition" sprach. „Es ist ein ganz niederträchtiges Wort, das wir den Franzosen zu danken haben, und das wir so bald wie möglich wieder loszuwerden suchen sollten. Wie kann man sagen, Mozart habe seinen „Don Juan" komponiert! Komposition – als ob es ein Stück Kuchen oder Biskuit wäre, das man aus Eiern, Mehl oder Zucker zusammenrührt! Eine geistige Schöpfung ist es, das Einzelne wie das Ganze aus einem Geiste und Guß und von dem Hauche eines Lebens durchdrungen, wobei der Produzierende keineswegs versuchte und stückelte und nach Willkür verfuhr, sondern wobei der dämonische Geist seines Genies ihn in der Gewalt hatte, so daß er ausführen mußte, was jener gebot." Dieser Auffassung entspricht es, wenn in „Wahrheit und Dichtung" gelegentlich die Rede von der „magischen Gabe des Genies" ist, oder wenn es in den „Sprüchen in Prosa" heißt: „Poesie ist Eingebung; sie war in der Seele empfangen, als sie sich zuerst regte. Man sollte sie weder Kunst noch Wissenschaft nennen, sondern Genius." Und daß Goethe das geniale Schaffen sogar auf göttliche Inspiration zurückgeführt hat, beweist schon ein Brief an Plessing (1782), worin es u. a. heißt: „Soviel kann ich Sie versichern, daß ich sehe, daß nicht mein Wille, sondern der Wille einer höheren Macht geschieht, deren Gedanken nicht meine Gedanken sind," während der Greis zu Eckermann sagte: „Jede Produktivität höchster Art, jedes bedeutende Aperçu, jede Erfindung, jeder große Gedanke, der Früchte bringt und Folge hat, steht in niemandes Gewalt und ist über aller irdischen Macht erhaben. Dergleichen hat der Mensch als unverhoffte

Geschenke von oben, als reine Kinder Gottes zu betrachten, die er mit freudigem Dank zu empfangen und zu verehren hat. Es ist dem Dämonischen verwandt, das übermächtig mit ihm tut, wie es beliebt, und dem er sich bewußtlos hingibt, während er glaubt, er handle aus eigenem Antriebe. In solchen Fällen ist der Mensch oftmals als ein Werkzeug einer höheren Weltregierung zu betrachten, als ein würdig befundenes Gefäß zur Aufnahme eines göttlichen Einflusses."

Erst in den allerletzten Lebensjahren vermochte der Dichter die Poesie zu kommandieren, was hauptsächlich dem „Faust" zugute kam. Dies fand er selbst, wie aus einem Briefe an Wilhelm v. Humboldt (Dez. 1831) hervorgeht, sehr merkwürdig: „Durch eine geheime psychologische Wendung, welche vielleicht studiert zu werden verdient, glaube ich mich zu einer Art von Produktion erhoben zu haben, welche bei völligem Bewußtsein dasjenige hervorbrachte, was ich jetzt noch selbst billige, ohne vielleicht jemals in diesem Flusse wieder schwimmen zu können, ja was Aristoteles und andere Prosaisten einer Art von Wahnsinn zuschreiben würden."

ALCHIMISTISCHE STUDIEN

Zu Goethes frühesten Erlebnissen gehört die durch ein Geheimmittel erfolgte, ungewöhnlich rasche Heilung von langer und schwerer Krankheit. Hierüber berichtet er im 8. Buch seiner Lebensbeschreibung im Zusammenhang mit dem Studium geheimwissenschaftlicher Werke und der Anstellung alchimistischer Experimente, wozu er teils durch seine Freundin, Fräulein von Klettenberg, teils durch seinen Arzt veranlaßt worden war. Er schreibt: „Tätig und aufmerksam, war der Arzt den Kranken tröstlich; Mehr aber als durch alles erweiterte er seine Kundschaft durch die Gabe, einige geheimnisvolle selbstbereitete Arzneien im Hintergrunde zu zeigen, von denen niemand sprechen durfte, weil bei uns den Ärzten die eigene Dispensation streng verboten war. Mit gewissen Pulvern, die irgendein Digestiv sein mochten, tat er nicht so geheim; aber von jenem wichtigen Salze, das nur in den größten Gefahren angewendet werden durfte, war nur unter den Gläubigen die Rede, ob es gleich noch niemand gesehen oder die Wirkung davon gespürt hatte. Um den Glauben an die Möglichkeit eines solchen Universalmittels zu erregen und zu stärken, hatte der Arzt seinen Patienten, wo er nur einige Empfänglichkeit fand, gewisse mystische, chemisch-alchymische Bücher empfohlen und zu verstehen gegeben, daß man durch eigenes Studium derselben gar wohl dahin gelangen könne, jenes Kleinod sich selbst zu erwerben: welches um so notwendiger sei, als die Bereitung sich sowohl aus physischen als besonders aus moralischen Gründen nicht wohl überliefern lasse, ja daß man, um jenes große Werk einzusehen, hervorzubringen und zu benutzen, die Geheimnisse der Natur im Zusammenhang kennen müsse, weil es nichts Einzelnes, sondern etwas Universelles sei, und auch wohl gar unter verschiedenen Formen und Gestalten hervorgebracht werden könne. Meine Freundin hatte auf diese lockenden Worte gehorcht. Das Heil des Körpers war zu nahe mit dem Heil der Seele verwandt, und könnte je eine größere Wohltat, eine größere Barmherzigkeit auch an anderen ausgeübt werden, als wenn man sich ein Mittel zu eigen machte, wodurch so manches Leiden gestillt, so manche Gefahr abgelehnt werden könnte? Sie hatte schon insgeheim Wellings opus mago-cabbalisticum studiert. Gedachtes Werk erwähnt seiner Vorgänger mit vielen Ehren, und wir wurden daher angeregt, jene Quellen selbst aufzusuchen. Wir wendeten uns nun an die Werke des Theophrastus Paracelsus und Basilius Valentinus; nicht weniger an Helmont, Starkey und andere, deren mehr oder weniger auf Natur oder Einbildung beruhende Lehren und Vorschriften wir einzusehen und zu befolgen suchten. Mir wollte besonders die aurea catena Homeri gefallen, wodurch die Natur, wenn auch vielleicht auf phantastische Weise, in einer schönen Verknüpfung dargestellt wird; und so verwendeten wir, teils einzeln, teils zusammen, viele Zeit an diese Seltsamkeiten und brachten die Abende eines langen Winters, währenddessen ich die Stube hüten mußte, sehr vergnügt zu, indem wir zu drei, meine Mutter mit eingeschlossen, uns an diesen Geheimnissen mehr ergötzten, als die Offenbarung derselben hätte tun können.

Mir war indes noch eine sehr harte Prüfung vorbereitet: denn eine gestörte und man kann wohl sagen für gewisse Momente vernichtete Verdauung brachte solche Symptome hervor, daß ich unter großen Beängstigungen das Leben zu verlieren glaubte und keine angewandten Mittel weiter etwas fruchten wollten. In diesen letzten Nöten zwang meine bedrängte Mutter mit dem größten Ungestüm den verlegenen Arzt, mit seiner Universalmedizin hervorzurücken; nach langem Widerstande eilte er tief in der Nacht nach Hause und kam mit einem Gläschen kristallisierten trockenen Salzes zurück, welches, in Wasser aufgelöst, von dem Patienten verschluckt wurde und einen entschieden alkalischen Geschmack hatte. Das Salz war kaum genommen, so zeigte sich eine Erleichterung des Zustandes, und von dem Augenblick an nahm die Krankheit eine Wendung, die stufenweise zur Besserung führte. Ich darf nicht sagen, wie sehr dieses den Glauben an unseren Arzt, und den Fleiß, uns eines solchen Schatzes teilhaftig zu machen, stärkte und erhöhte.

Meine Freundin, welche eltern- und geschwisterlos in einem großen wohlgelegenen Hause wohnte, hatte schon früher angefangen, sich einen kleinen Windofen, Kolben und Retorten von mäßiger Größe anzuschaffen und operierte, nach Wellingischen Fingerzeigen und nach bedeutenden Winken des Arztes und Meisters, besonders auf Eisen, in welchem die heilsamsten Kräfte verborgen sein sollten, wenn man es aufzuschließen wisse; und weil in allen uns bekannten Schriften das Luftsalz, welches herbeigezogen werden mußte, eine große Rolle spielte, so wurden zu diesen Operationen Alkalien erfordert, welche, indem sie an der Luft zerfließen, sich mit jenen überirdischen Dingen verbinden und zuletzt ein geheimnisvolles treffliches Mittelsalz per se hervorbringen sollten.

Kaum war ich einigermaßen wiederhergestellt und konnte mich, durch eine bessere Jahreszeit begünstigt, wieder in meinem alten Giebelzimmer aufhalten, so fing ich auch an, mir einen kleinen Apparat zuzulegen: ein Windöfchen mit einem Sandbade war zubereitet; ich lernte sehr geschwind mit einer brennenden Lunte die Glaskolben in Schalen verwandeln, in welchen die verschiedenen Mischungen abgeraucht werden sollten. Nun wurden sonderbare Ingredienzien des Makrokosmos und Mikrokosmos auf eine geheimnisvolle wunderliche Weise behandelt, und vor allem suchte man Mittelsalze auf eine unerhörte Art hervorzubringen. So wunderlich und unzusammenhängend auch diese Operationen waren, so lernte ich doch dabei mancherlei. Ich gab genau auf alle Kristallisationen acht, welche sich zeigen mochten, und ward mit den äußeren Formen mancher natürlicher Dinge bekannt, und indem mir wohl bewußt war, daß man in der neueren Zeit die chemischen Gegenstände methodischer aufgeführt, so wollte ich mir im allgemeinen davon einen Begriff machen, ob ich gleich als Halbadept vor den Apothekern und allen denjenigen, die mit dem gemeinen Feuer operierten, sehr wenig Respekt hatte."

SEIN GLAUBE AN DIE MACHT DER TELEPATHIE

Mancherlei hat Goethe auf dem Gebiete der Gedankenübertragung und Telepathie erlebt. Hierüber sprach er mit Eckermann (Okt. 1827) und streute bei dieser Gelegenheit sehr bemerkenswerte Meinungsäußerungen über diese okkulten Erscheinungen ein. Nachdem Eckermann einen von ihm selbst erlebten Wahrtraum erzählt, erwiderte Goethe u.a.: „Dergleichen liegt sehr wohl in der Natur, wenn wir auch dazu noch nicht den rechten Schlüssel haben. Wir wandeln alle in Geheimnissen. Wir sind von einer Art Atmosphäre umgeben, von der wir noch gar nicht wissen, was sich alles in ihr regt und wie es mit unserem Geiste in Verbindung steht. So viel ist wohl gewiß, daß in besonderen Zuständen die Fühlfäden unserer Seele über die körperlichen Grenzen hinausreichen können und ihr ein Vorgefühl, ja auch ein wirklicher Blick in die nächste Zukunft gestattet ist. Auch kann eine Seele auf die andere durch bloße stille Gegenwart entschieden einwirken, wovon ich mehrere Beispiele erzählen könnte. Es ist mir sehr oft passiert, daß, wenn ich mit einem guten Bekannten ging und lebhaft an etwas dachte, dieser über das, was ich im Sinne hatte, sogleich an zu reden fing. So habe ich einen Mann gekannt, der, ohne ein Wort zu sagen, durch bloße Geistesgewalt eine in heiteren Gesprächen begriffene Gesellschaft plötzlich stillzumachen imstande war. Ja er konnte auch eine Verstimmung hereinbringen, so daß es allen unheimlich wurde. Wir haben alle etwas von elektrischen und magnetischen Kräften in uns und üben wie der Magnet selber eine anziehende und abstoßende Gewalt aus, je nachdem wir mit etwas Gleichem oder Ungleichem in Berührung kommen. Unter Liebenden ist die magnetische Kraft besonders stark und wirkt sogar sehr in die Ferne. Ich habe in meinen Jünglingsjahren Fälle genug erlebt, wo auf einsamen Spaziergängen ein mächtiges Verlangen nach einem geliebten Mädchen mich überfiel und ich so lange an sie dachte, bis sie mir wirklich entgegenkam. „Es wurde mir in meinem Stübchen unruhig," sagte sie, „ich konnte mir nicht helfen, ich mußte hierher." Darauf erzählte Goethe eine Liebesepisode aus den ersten Jahren seines Weimarer Aufenthaltes, in die er die Worte einflocht: „Ich glaubte schon damals fest an eine gegenseitige Einwirkung und daß ich durch ein mächtiges Verlangen sie herbeiziehen könne. Auch glaubte ich mich unsichtbar von höheren Wesen umgeben, dic ich anflehte, ihre Schritte zu mir, oder die meinigen zu ihr zu lenken."

SPUKHAFTE VORGÄNGE

Daß Goethe auch spukhafte Vorgänge erlebt hat, dafür gibt es der Anhaltspunkte zu viele, als daß im allgemeinen billigerweise ein Zweifel erhoben zu werden brauchte. Zunächst finde ich beachtenswert, was er im Nov. 1782 an Knebel geschrieben: „Wie ich mir in meinem väterlichen Hause nicht einfallen ließ, die Erscheinungen der Geister und die juristische Praxis zu verbinden, ebenso getrennt laß ich jetzt den Geheimrat umd mein Selbst." Was hier unter

„Erscheinungen der Geister" wohl verstanden sein mag? Der Umstand, daß die Selbstbiographie keinen Anhaltspunkt zur Beantwortung dieser Frage enthält, schließt nicht aus, daß es sich um besondere Erlebnisse gehandelt haben könnte; denn in gewisser Hinsicht war Goethe, wie schon bemerkt, ein schweigsamer Charakter.

Ferner hatte der Dichter ein Erlebnis (auf der Gerbermühle bei Frankfurt) im Auge, als er am 18. Nov. 1816 an die Ehegatten von Willemer schrieb: „Möge es Ihnen allen wohlergehen, wie ich denn hoffe, daß Sie nicht erschrecken sollen, wenn es in tiefer Nachtzeit am ernsthaften Tore zuweilen poltert und klingelt. Möchte das Gespensterwesen doch einmal in Wirklichkeit ausarten."

UNSICHTBARE WESEN IN HAUS UND GARTEN

Ein sehr seltsames Erlebnis Goethes hat Dr. Schwabe in der Frankfurter „Didaskalia" (vom 28. April 1860) mitgeteilt. Der skeptische Berichterstatter, welcher der sonderbaren Meinung ist, daß Goethe sich eine Mystifikation erlaubt habe, hat es aus dem Munde einer Goethe sehr nahestehenden Persönlichkeit vernommen, welcher der Dichter es selbst erzählt hat. An einem Sonntag Vormittag im Sommer des Jahres 1824 sah Goethe, als er aus seinem Gartenhause heraustrat und sich nach der Stadt begeben wollte, eine Mädchengestalt, welche den Platz vor dem Hause kehrte. Sie gab auf die Fragen, welche Goethe an sie richtete, keine Antwort und löste sich verschwindend in der Sonne auf. (Nach derselben Quelle soll sich im Stadthause unter Goethes Arbeitszimmer hin und wieder ein Klopfgeist haben vernehmen lassen.)

Auf einen Spuk vor dem Gartenhause hat Goethe 15 Jahre vorher selbst eine Anspielung gemacht. In den „Annalen" (1809) erwähnt er nämlich eines gewaltsamen Sturmes, der in seinem Garten am Stern einen alten ehrwürdigen Wacholderbaum niedergeworfen. „Es hatten sich allerlei Fabeln von ihm verbreitet; ein ehemaliger Besitzer, ein Schulmann, sollte darunter begraben sein; zwischen ihm und dem alten Hause, in dessen Nähe er stand, wollte man gespensterhafte Mädchen, die den Platz rein kehrten, gesehen haben."

Eine dritte Stütze für die Tatsächlichkeit eines Spukes im oder vor dem Gartenhause habe ich im Goethe-Jahrbuch 1891 (G. 186) gefunden, woselbst aus den hinterlassenen Aufzeichnungen der dem greisen Dichter nahe gestandenen Jenny von Pappenheim folgendes mitgeteilt wird: „Noch eine Geschichte möchte ich erwähnen, die Goethe mir selbst erzählte; er habe eine unsichtbare Bedienung, die den Vorplatz des Gartenhauses immer rein gefegt hielt; „es war wohl Traum" sagte er, „aber ganz wie Wirklichkeit, daß ich einst in meiner oberen Schlafstube, deren Tür nach der Treppe zu auf war, in der ersten Tagesfrühe eine alte Frau sah, die ein junges Mädchen unterstützte. Sie wandte sich zu mir und sagte: ‚Seit 25 Jahren wohnen wir hier mit der Bedingung, vor Tagesanbruch fort zu sein, nun ist sie ohnmächtig und ich kann nicht gehen.' Als ich genauer hinsah, war sie verschwunden." Ottilie, auch Wolf und Walter, erzählten noch oft von einem „Mittagsspuk" in Goethes Garten, besonders nach seinem Tode. Wenn auch jene Erscheinung, was bezweifelt werden kann, wirklich nur ein Traum gewesen sein sollte, so bleibt das Merkwürdigste dieser Goethe-Erinnerung doch bestehen, die Äußerung nämlich, daß eine unsichtbare Bedienung den Vorplatz des Gartenhauses immer rein gefegt habe.

Aber auch im Stadthause und dem dazu gehörenden Garten soll es gespukt haben. Hierüber berichten Ellen und Paul Mitzschke in ihrem Buche „Sagenschatz der Stadt Weimar" (H. Böhlau, Weimar). Da lesen wir unter der Überschrift „Goethes Wohnhaus und Stadtgarten" u.a. folgendes: „Manchmal, wenn Goethe im Arbeitszimmer saß und schrieb oder las, soll sich ihm etwas zart und katzenartig weich an die Seite gedrängt haben, wie ein Mädchen, das ihn liebte und für ihn gestorben war. Einmal, als es wiederkam, sah Goethe einen ganz feinen Arm, der sich über seine Brust spannte. Wenn er in der Dämmerung der Sommerabende in den Garten hinausging, tauchte ebenfalls etwas Unbestimmtes neben ihm auf, als ob jemand, der ihn übermenschlich liebe, unsichtbar um ihn sei. Auch andere Leute haben diese „Sommerseele“ gesehen. So zeigte sich die Erscheinung im letzten Sommer vor Goethes Tode. Es war zur Zeit der Rosenblüte in heißer Mittagsstunde, und Goethes Enkelin Alma, ein kleines Mädchen, saß mit einer Dienerin im Garten. Goethe trat zu ihnen hinaus. Da sah das Kind die Gestalt eines wunderschönen Mädchens mit goldenem, schleierartigem Haar und blauen Augen aus dem Schatten zu dem Großvater hinwehen. Goethe nahm die Enkelin, die vor Schrecken darüber ganz bleich und hinfällig geworden war, auf den Arm und trug sie aufs Bett in die Stube, wo sie erst allmählich wieder zu sich kam.“ - Diese Erzählung zu erwähnen, würde ich Abstand genommen haben, wenn nicht eine gewisse Bestätigung von Goethe selbst vorläge. Der bekanntlich sehr zuverlässige Kanzler Friedrich von Müller schreibt nämlich unter dem 18. Mai 1831: „Nachmittags bei Goethe, der sehr munter von den Spukgeschichten in seinem Garten erzählte, die er selbst absichtlich verbreitete.“

WAHRNEHMUNG DER ASTRALGESTALT SEINES FREUNDES

Endlich werden zwei weitere, von Goethe erlebte okkulte Vorkommnisse von Natalie von Eschstruth in ihrem Buche „Spuk“ (P. List, Leipzig) erzählt. Die Verfasserin hat sie aus dem Munde des Geheimrat R. vernommen, der als Student Goethe im Laboratorium zu Jena öfter kleine Handlangerdienste leistete und, weil der Meister Gefallen an ihm gefunden, ihn auf seinen Spaziergängen begleiten durfte. R. war Zeuge der beiden Begebenheiten, um die es sich handelt; daß sie auch sonst bekannt waren, wurde N. von Eschstruth von einem anderen Zeitgenossen Goethes, dem Hofrat G. in Jena, bestätigt.

Der eine Fall betrifft eine Spukerscheinung auf dem Schlachtfelde von Jena. Goethe, der von verschiedenen glaubwürdigen Leuten gehört hatte, daß sie an jenem Ort etwas Außergewöhnliches erlebten, habe gegen R. den Wunsch geäußert, ihn einmal zur Nachtzeit auf das Schlachtfeld zu begleiten; hierauf sei R. um so lieber eingegangen, als es ihn höchlich vergnügt haben würde, eine eventuelle Mystifikation zu entlarven. Goethe und sein Begleiter begaben sich bewaffnet an einen bestimmten Hügel, unter welchem man ein französisches Waffengrab vermutete und wo eine spukhafte Schildwache tatsächlich zu sehen war. Die Erscheinung verschwand jedoch spurlos, nachdem die beiden Männer dicht an sie herangekommen waren, um sie mit Händen zu greifen. – Das andere Erlebnis wiederum ist ein zweites Gesicht, das der Dichter auf der Landstraße hatte, als er mit R. eines Spätnachmittags einen Spaziergang von Weimar nach Belvedere machte. Er soll plötzlich stehen geblieben und seinen Freund Friedrich (vermutlich Friedrich Rochlitz aus Leipzig, der 1813 in Weimar zu Besuch war) gesehen haben, und zwar in seinem Schlafrock und seinen Morgenschuhen, was ihn zu dem Ausruf veranlaßte: „Wahrhaftig, er ist es! Freund Friedrich! Hier in Weimar! Aber um Gotteswillen, Mensch, wie siehst du aus? In meinem Schlafrock, in meinen Morgenschuhen gehst du hier auf offener Straße?!" Nach Hause zurückgekehrt, fand er Friedrich, der inzwischen durchnäßt angekommen war und sich Goethes Kleider reichen ließ. Den Freund mit seinen Gedanken auf dem Spaziergang begleitend, war er auf dem Sofa sitzend eingeschlafen und hatte die Begegnung mit Goethe genau so geträumt, wie und wo dieser sie erlebt hatte. Sehr merkwürdig ist dabei, daß der Doppelgänger (der Äther-, bzw. Astralleib) die Worte Goethes gehört hatte, obwohl er in so geringem Grade verdichtet war, daß er nur von dem sensitiven Goethe, nicht aber von R. gesehen werden konnte.

Da ich das menschliche Zeugnis nicht nach Art der Gegner des Okkultismus beliebig mit Füßen trete, liegt für mich kein Grund zur Annahme vor, daß die beiden Erzählungen frei erfunden sind, wenn mir auch die Art der Darstellung nicht ganz einwandfrei zu sein scheint. Um nun aber vernünftigen und ehrlich gemeinten Bedenken besser begegnen zu können, habe ich mich an Frau Hauptmann

Nataly von Knobelsdorff-Brenkenhoff (geb. von Eschstruth) mit der Bitte gewandt, daß sie mir ihre beiden Gewährsmänner und vielleicht auch andere Zeugen namhaft machen möge, welche die Erzählung des Geheimrat R. mit angehört. Frau von Knobelsdorff-Brenkenhoff hat nicht nur meiner Bitte bereitwillig entsprochen, sondern mir auch den Grund angegeben, der sie von der Veröffentlichung der beiden in Rede stehenden Namen abgehalten hat. Es sei ihr – eine auch von anderen aus bekannten Gründen immerwährend gemachte Erfahrung – häufig vorgekommen, daß Leute in gesellschaftlicher Stellung, bevor sie ihre okkulten Erlebnisse mitgeteilt, die Bedingung gestellt haben, daß ihre Namen verschwiegen werden müßten. Dies habe sie neben der Rücksicht auf Hinterbliebene ängstlich gemacht und veranlaßt, jene Namen nicht zu nennen, obschon ihr in diesen beiden Fällen kein Versprechen abgenommen worden sei. Im Hinblick hierauf und auf die gerade auch von ihr gar sehr gewürdigte Bedeutung der ganzen Angelegenheit hat Frau von Knobelsdorff-Brenkenhoff sich dann auch bestimmen lassen, mir die Erlaubnis zur Veröffentlichung der Namen ihrer Gewährsmänner zu geben. Sie sind Geheimrat Klemm und Hofrat Gille. Frau von Knobelsdorff-Brenkenhoff schreibt mir dazu u.a. folgendes: „Glauben Sie mir, daß ich das volle Gefühl der Verantwortlichkeit für alles habe, was ich der Öffentlichkeit preisgebe. Würde ich selbst den geringsten Zweifel an der Wahrhaftigkeit der beiden alten Herren haben, so wäre ich aufrichtig und ehrenhaft genug, Sie zu bitten, die Erlebnisse lieber nicht einem wissenschaftlichen Werk einzuverleiben; ich kann es aber mit gutem Gewissen tun und bin sehr glücklich, dazu beitragen zu können, gerade **diese** Momente aus Goethes Leben der Vergessenheit zu entreißen. Mir selber ist es unfaßlich, daß Klemm nicht persönlich dafür gesorgt und Memoiren hinterlassen hat, denn sein ganzes Zusammenleben mit Goethe, dessen Famulus er doch, sozusagen, längere Zeit gewesen, hätte wohl noch sehr viel Hochinteressantes geliefert!“ Außerdem hat Frau von Knobelsdorff-Brenkenhoff mir die Namen von zehn Personen mitgeteilt, welche die Erzählung des Geheimrats Klemm mit angehört haben.

Ferner scheint mir noch beachtenswert, daß Nataly von Eschstruths „Spuk“ im Goethe- Jahrbuch (1899), dessen Herausgeber, Professor Ludwig Geiger, mit dem Leben Goethes sehr vertraut war, ohne irgendwelche skeptische Bemerkung angezeigt ist; es heißt vielmehr nur, das Buch enthalte rätselhafte Begebenheiten aus Goethes Leben.

UNERKLÄRLICHE GERÄUSCHE UND „GEISTERMUSIK“ IN SEINEM HAUSE

Zu Goethes Erlebnissen kann man in gewissem Sinne wohl auch die spukhaften Erscheinungen rechnen, die vor seinem Tode wahrgenommen worden sein sollen. Hierüber berichtet W. Bode im IV. Band seiner „Stunden mit Goethe“ (S. 200 sg.). Frau Voigtritter, eine Bäckermeisterin, die Goethes Hause gegenüber gewohnt hat, habe ihm mitgeteilt, daß sie seinerzeit mit dem Hauslehrer von Goethes Enkeln, Rothe, verkehrte, der schon bei Lebzeiten des Dichters in der Mansarde des Goethe-Hauses gewohnt hatte. Von diesem Rothe will Frau Voigtritter erfahren haben, daß der Tod Goethes sich auf verschiedene Weise angekündigt habe. Schon acht Tage vorher, als Goethe eben erkrankte, hörten die Hausgenossen, daß in einem Nachbarhause Holz gehackt wurde. Sie gingen hin und baten, daß man mit der Arbeit innehalte, der Herr Geheime Rat sei krank. Da war der Nachbar sehr erstaunt und beschwor, daß in seinem Hause kein Holz gehackt worden sei. Es war Spuk gewesen. In Goethes Hause hörte man aber immer wieder das Geräusch von Spalten und Sägen, und manchmal war es, wie wenn eine Menge Scheite die Treppe hinunterkollerten. – Eine zweite Erscheinung war die Musik in den Wänden, wo Goethe saß. Zuerst hörte Fräulein von Pogwisch diese Geistermusik, als sie einmal die Treppe hinaufging; sie fürchtete sich so sehr, daß sie umkehrte und durch einen anderen Aufgang in das Zimmer zu gelangen suchte: aber auch da tönte ihr die Musik entgegen. Nun nahmen auch die anderen Hausbewohner wahr, daß leise Töne in feinen Melodien aus den Wänden quollen. Als weiteres Vorzeichen des nahenden Todes betrachtete man es, daß brennende Kerzen plötzlich erloschen, obwohl es nirgends zog.

Auch bei und nach dem Tode des einzigen Mannes soll, wie Professor Daumer in seinem Werke „Das Geisterreich“ mitteilt, von verschiedenen Personen eine rätselhafte Musik gehört worden sein, die dem einen wie Orgelton, dem anderen wie Gesang, dem dritten wie Klavierspiel vorkam; sie ertönte bald mit längeren, bald mit kürzeren Pausen, bald an diesem, bald an jenem Orte, doch immer in Goethes Haus oder dicht daneben oder darüber. Dabei war es ausgeschlossen, daß die Töne aus einem benachbarten Hause kommen konnten. Ein ausführlicherer Bericht über diese Musik findet sich in der „Gartenlaube“ vom Jahre 1860. Danach sollen es langsam anwachsende und dann ersterbende Akkorde gewesen sein, die wie von einer anderen Welt kamen.

ÄUSSERUNGEN GOETHES ÜBER OKKULTE DINGE

Im gleichnamigen Abschnitt der Schrift „Goethe und der Okkultismus“ habe ich auf die poetischen Werke nur wenig Rücksicht genommen, damit man nicht sollte sagen können, ich stütze meine Beweisführung auf Ausgeburten der dichterischen Phantasie. Dieser Einwand ist mir trotzdem nicht erspart geblieben. Wenn ich jetzt neben dem Menschen auch dem Dichter häufiger das Wort erteile, so geschieht dies nicht nur, weil ich nachgerade eingesehen, daß die Nichtwollenden auf keine Weise zu überzeugen sind, sondern auch, weil das seherische Wort des wahren Dichters unter Umständen schwerer wiegen kann, als nüchterne Vernünftelei. Zudem hat der auf dem richtigen Standpunkt stehende Leser Anspruch auf Berücksichtigung des **ganzen** Goethe.

Das Reich der reinen Phantasie spielt übrigens bei unserm Dichter so gut wie gar keine Rolle, indem seine Werke zu allermeist an Selbsterlebtes anknüpfen. Dieses sein Verbleiben innerhalb der Welt der Wirklichkeit hat er selbst sehr oft betont. So sagt er z.B. in den Noten zu „Über Goethes Harzreise im Winter“: „Was von meinen Arbeiten durchaus, und so auch von den kleineren Gedichten gilt, ist, daß sie alle, durch mehr oder minder bedeutende Gelegenheit aufgeregt, im unmittelbaren Anschauen irgendeines Gegenstandes verfaßt worden.“ 1811 nennt er in der Selbstbiographie seine Dichtungen Bruchstücke einer großen Konfession, die er durch seine Lebensbeschreibung vollständig zu machen suche. Ferner äußerte er gesprächsweise einmal: „Das Benutzen der Erlebnisse ist mir immer alles gewesen; das Erfinden aus der Luft war nie meine Sache“.

(Biedermann, „Gespräche mit Goethe“ II, Nr. 448c). Zu Eckermann sagte er (Sept. 1823): „Alle meine Gedichte sind Gelegenheitsgedichte, sie sind durch die Wirklichkeit angeregt und haben darin Grund und Boden“, sowie (März 1830): „Ich habe in meiner Poesie nie affektiert. Was ich nicht lebte und was mir nicht auf die Nägel brannte und zu schaffen machte, habe ich auch nicht gedichtet und ausgesprochen.“ Und nachdem Heinroth, der Verfasser einer Anthropologie, Goethes gegenständliches Denkvermögen lobend hervorgehoben, schrieb der Altmeister den Aufsatz „Bedeutende Fördernis durch ein einziges geistreiches Wort“, in welchem er u.a. sagt: „Was nur von meinem gegenständlichen Denken gesagt ist, mag ich wohl auch ebenmäßig auf eine gegenständliche Dichtung beziehen. Mir drückten sich gewisse große Motive, Legenden, uraltgeschichtlich Überliefertes so tief in den Sinn, daß ich sie vierzig bis fünfzig Jahre lebendig und wirksam im Innern erhielt; mir schien der schönste Besitz, solche werte Bilder oft in der Einbildungskraft erneut zu sehen, da sie sich denn zwar immer umgestalten, doch ohne sich zu verändern, einer reinern Form, einer entschiedenen Darstellung entgegen reiften. Ich will hiervon nur die Braut von Korinth, den Gott und die Bajadere, den Grafen und die Zwerge, den Sänger und die Kinder, und zuletzt noch den baldigst mitzuteilenden Paria nennen.“ Mit dieser Erklärung ist zugleich der Widerspruch behoben, den man vielleicht darin finden möchte, daß Goethe die meisten seiner Werke als Nachtwandler geschrieben, andererseits aber nichts aus der Luft gegriffen haben will. Die Konzeption geschah eben im bewußten Zustand, während er sich der inneren Verarbeitung und schließlichen Produktion mehr oder weniger unbewußt war. In diesem Sinne spricht er sich über sein „wundersames Verhältnis gegen die Dichtkunst“ auch in der Geschichte der Farbenlehre („Konfession des Verfassers“) aus.

Was die Reihenfolge der vorzuführenden okkultistischen Äußerungen betrifft, so scheint es mir im Gegensatz zum vorigen (chronologisch geordneten) Abschnitt am geeignesten zu sein, von einfacheren zu schwerer begreiflichen Erscheinungen fortzuschreiten und

Zusammengehöriges tunlichst zu vereinigen. Dadurch wird zugleich ersichtlich, daß Goethe auf gar manche okkulte Probleme zu verschiedenen Lebzeiten immer wieder zurückgekommen ist.

DURCH GEDANKENKRAFT SEINEN KÖRPER JUNG ERHALTEN

Den Reigen mag eine wichtige allgemeine Äußerung eröffnen, die sich im Kapitel „Roger Bacon", der „Geschichte der Farbenlehre", findet. „Das Allervorzüglichste, was hervortritt, das Allermerkwürdigste, was begegnet, wird, so lange als nur möglich ist, verneint. Dieser Wahnsinn unserer Zeit ist auf alle Fälle schlimmer, als wenn man das Außerordentliche, weil es nun einmal geschah, gezwungen zugab und es dem Teufel zuschrieb. Der Aberglaube ist ein Erbteil energischer, großtätiger, fortschreitender Naturen, der Unglaube das Eigentum schwacher, kleingesinnter, zurückschreitender, auf sich selbst beschränkter Menschen." Der Teufelsglaube wird also von Goethe höher bewertet als der Unglaube.

Hält man sich gegenwärtig, wie sehr er von der Ursprünglichkeit, Selbständigkeit und Vorherrschaft des Geistes überzeugt war, dann nimmt es am wenigsten Wunder, wenn er der Psyche, und zwar sowohl dem Gedanken, als dem Willen, eine weitgehende Macht zuschrieb. Der Anerkennung der Macht des Gedankens, wie sie in unseren Tagen durch die Suggestion experimentell bewiesen worden ist, hat Goethe namentlich einmal im Gespräche mit dem Kanzler Friedrich von Müller den lapidaren Ausdruck verliehen: „Was wir in uns nähren, das wächst; das ist ein ewiges Naturgesetz." Und einem bedeutenden Geiste schrieb er geradezu die Kraft zu, den Körper zu einer zweiten Jugend zu zwingen. Er sprach nämlich mit Eckermann (März 1828) über einige bekannte alte Herren, denen im hohen Alter die nötige Energie und jugendliche Beweglichkeit im Betriebe der bedeutendsten und mannigfaltigsten Geschäfte nicht zu fehlen schienen. „Solche Männer," sagte Goethe, „sind geniale Naturen, mit denen es eine eigene Bewandtnis hat; sie erleben eine wiederholte Pubertät, während andere Leute nur einmal jung sind. Jede Entelechie*) nämlich ist ein Stück Ewigkeit, und die paar Jahre, die sie mit dem irdischen Körper verbunden ist, machen sie nicht alt. Ist diese Entelechie geringerer Art, so wird sie während ihrer körperlichen Verdüsterung wenig Herrschaft ausüben, vielmehr wird der Körper vorherrschen, und wie er altert, wird sie ihn nicht halten und hindern. Ist aber die Entelechie mächtiger Art, wie es bei allen genialen Naturen der Fall ist, so wird sie bei ihrer belebenden Durchdringung des Körpers nicht allein auf dessen Organisation kräftigend und veredelnd einwirken, sondern sie wird auch bei ihrer geistigen Übermacht ihr Vorrecht einer ewigen Jugend fortwährend geltend zu machen suchen."

VON DER DOPPELNATUR DES MENSCHEN

Das in dieser Auslassung eingestreute, höchst originelle Wort von der „Verdüsterung" der Entelechie steht, beiläufig bemerkt, nicht allein da; denn ein andermal (Dez. 1829) nimmt Goethe Veranlassung, gegen Eckermann zu äußern: „Solche geistige Wesen, wie der Homunculus, die durch eine vollkommene Menschwerdung noch nicht verdüstert und beschränkt worden, zählte man zu den Dämonen". Ferner darf als Parallelstelle zu diesem Gedanken der Spruch in Prosa gelten: „Das belebende und ordnende Prinzip ist in der Erscheinung dergestalt bedrängt, daß es sich kaum zu retten weiß." Derartige Gedanken beweisen im Verein mit anderen, daß Goethe, ganz wie du Prel, sich den Menschen als Doppelwesen gedacht hat, das gleichzeitig ein irdisches und ein (dem verkörperten Menschen, nicht aber sich selbst) unbewußtes Dasein führt. Drei ganz unmittelbare Belege für diese Auffassung sind der Ausdruck „Ausgeburt zweier Welten", wie der Mensch in den „Sprüchen in Prosa" einmal genannt wird, und der zu Riemer (1810) gesprochene Satz: „Der

*) Unter diesem aristrotelischen Ausdruck versteht er die unzerstörbare individuelle Lebenskraft, das Ich.

Mensch kann nicht lange im bewußten Zustande oder im Bewußtsein verharren, er muß sich wieder ins Unbewußtsein flüchten, denn darin lebt seine Wurzel." Im Unbewußten liegt ja nach Goethe auch die Quelle der künstlerischen Tätigkeit.

VOM EINFLUSS DER VORSTELLUNGSKRAFT BEI DER ZEUGUNG

Ein eigenartiges Beispiel von der Macht des Gedankens findet sich in den „Wahlverwandtschaften", insofern dort die Wirkung der Imagination auf das Aussehen des erzeugten Kindes geschildert ist. Hierauf hat schon du Prel in der „Zukunft" (vom 23. Nov. 1895) und später in seinem Werke „Die Magie als Naturwissenschaft" also aufmerksam gemacht: „Ich schreibe es nicht der erfinderischen Phantasie Goethes zu, sondern seinem naturwissenschaftlichen Tiefsinn, wenn er in den „Wahlverwandtschaften" ein Problem aufwirft, das auf den ersten Blick höchst paradox erscheint. Bekanntlich denkt dort Charlotte an den Hauptmann, Eduard an Ottilie, und das „in diesem doppelten Ehebruch erzeugte Kind" hat die Gesichtszüge des Hauptmanns und die Augen Ottiliens. Daß das Kind die Gesichtszüge des Hauptmanns zeigt, ließe sich nun allenfalls auch noch so erklären, daß Charlotte während ihrer interessanten Umstände sich an dem Hauptmann beständig versieht. Wenn aber das Kind die Augen Ottiliens hat, muß der naturwissenschaftliche Vorgang in die Zeugung selbst verlegt werden, und zwar ist für diese Ähnlichkeit der Vater verantwortlich, indem eine Vorstellung, die seine Phantasie beherrscht, sich auf das Kind überträgt. Dies ist aber nur möglich, wenn das Od psychisch modifizierbar und Träger einer Vorstellung werden kann und wenn dasselbe Od auch die Organisation des Fötus besorgt, d.h. jene Vorstellung realisiert. Der Vorgang ist daher sehr klar in der monistischen Seelenlehre, welche die Identität des denkenden und organisierenden Prinzips ausspricht. Nur in diesem Falle kann das Phantasiebild des väterlichen Erzeugers die

Beschaffenheit des Kindes bestimmen; dagegen ist der Vorgang unmöglich für den Materialisten wie für die dualistische Seelenlehre des Spiritualisten. Man kann den Fall auch nicht damit beseitigen, daß Goethe ihn nur erdichtet habe; denn Erasmus Darwin führt einen ganz ähnlichen Fall an. Ein Herr stellte während des Wochenbettes seiner Frau der Tochter seines Pächters nach, die ihn jedoch nicht erhörte. Sein nächstgeborenes Kind aus legaler Ehe sah jedoch ganz dem jungen Mädchen ähnlich, das ihn abgewiesen hatte."

DIE ÜBERWINDUNG VON KRANKHEIT UND ANSTECKUNGSGEFAHR DURCH DIE MACHT DES WILLENS

Mehrfach ist von Goethe die Macht des Willens hervorgehoben und beschrieben worden. Nach dem Tode seines Sohnes schrieb er, sich auf einen bekannten stoischen Grundsatz beziehend, an Zelter: „Der Körper muß, der Geist will, und wer seinem Wollen die notwendigste Bahn vorgeschrieben sieht, der braucht sich nicht viel zu besinnen." Dem gleichen Freunde berichtete er brieflich (Mai 1816), daß er bettlägerig war, als Sachsen-Weimar zum Großherzogtum erhoben worden war und dem neuen Großherzog gehuldigt werden sollte. Eingedenk des Napoleonischen Ausspruches, „L'empereur ne connait autre maladie que la mort", sei er zur rechten Zeit an seinem Platz gewesen und habe auch bei Tafel allen Schuldigkeiten genug getan; dann habe er sich wieder ins Bett gelegt und auf einen neuen kategorischen Imperativ gewartet, der krank zu sein nicht gestattete.

Wiederholt sprach Goethe über die Möglichkeit, Krankheiten durch Willensanstrengung zu überwinden, mit Eckermann. So wies er (im April 1829) auf Napoleon hin, der die Pestkranken besucht habe, um ein Beispiel zu geben, daß man die Pest überwinden könne, wenn man die Furcht zu überwinden fähig sei. „Und er hat recht!" fuhr Goethe fort, „ich kann aus meinem eigenen Leben ein

Faktum erzählen, wo ich bei einem Faulfieber der Ansteckung unvermeidlich ausgesetzt war und wo ich bloß durch einen entschiedenen Willen die Krankheit von mir abwehrte. Es ist unglaublich, was in solchen Fällen der moralische Wille vermag. Er durchdringt gleichsam den ganzen Körper und setzt ihn in einen aktiven Zustand, der alle schädlichen Einflüsse zurückschlägt." Und im März 1831: „Es ist unglaublich, wie viel der Geist zur Erhaltung des Körpers vermag. Ich leide oft an Beschwerden des Unterleibes, allein der geistige Wille und die Kräfte des oberen Teiles halten mich im Gange. Der Geist muß nur dem Körper nicht nachgeben."

MAGISCHE ANZIEHUNGSKRAFT ZWISCHEN DEN MENSCHEN

Die Macht des menschlichen Willens kann nun aber nach Goethe auch über den eigenen Körper hinausgehen, d.h., der Wille kann magisch wirken. Allgemein heißt es im 16. Buche von „Aus meinem Leben", daß der Mensch die Kraft habe, das, was zusammengehört, an sich heranzuziehen. An dieser Stelle ist nämlich davon die Rede, daß es mit dem Glück ähnlicherweise beschaffen sei wie mit dem Unglück, insofern dieses nie allein komme.

Im Oktober 1779 hatte Kirchberger ein Gespräch mit Goethe, worüber jener u.a. folgendes berichtet: „Wir sprachen auch von der Macht der menschlichen Seelen nicht nur in Rücksicht ihrer Größe, sondern infolge eines wirklichen Ausflusses, der in die Umstehenden, auch ohne ein Wort zu sprechen, wirkt. Hierüber war er zu meiner Verwunderung auch meiner Meinung."

Die vom Dichter selbst erlebte Telepathie zwischen Liebenden ist am Schlusse der Ballade „Das Blümlein Wunderschön" gar hübsch verwertet.

Eduard und Ottilie üben eine „unbeschreibliche, fast magische Anziehungskraft" auf einander aus; „hätte man eins von beiden am letzten Ende der Wohnung festgehalten, das andere hätte sich nach und nach von selbst, ohne Vorsatz, zu ihm hinbewegt."

„VERWÜNSCHTE" LIPPEN

Einen gleichfalls bemerkenswerten Beleg für Goethes Glauben an magische Wirkungen enthält das 11. Buch von „Aus meinem Leben". Der Dichter hatte in Straßburg Beziehungen zu zwei Schwestern (den Töchtern seines französischen Tanzmeisters) gehabt, von denen jede gern allein im Besitze des Freundes gewesen wäre. Genug, es kam zu einer Szene, bei welcher Lucinde ihn ganz eigentlich beim Kopf faßte und zu wiederholten Malen auf den Mund küßte. „Nun," rief sie ihrer Schwester zu, „fürchte meine Verwünschung! Unglück über Unglück für immer auf diejenige, die zum ersten Male nach mir diese Lippen küßt! Wage es nun wieder, mit ihm anzubinden! Ich weiß, der Himmel erhört mich diesmal." Mit Bezug auf diesen, schon im neunten Buche erzählten Vorfall sagt nun Goethe: „Seitdem jenes leidenschaftliche Mädchen meine Lippen verwünscht und geheiligt – denn jede Weihe enthält ja beides – , hatte ich mich, abergläubisch genug, in acht genommen, irgendein Mädchen zu küssen, weil ich solches auf unerhörte Weise zu beschädigen fürchtete. Meine Lippen, geweiht oder verwünscht, kamen mir bedeutender vor als sonst, und mit nicht geringer Selbstgefälligkeit war ich mir meines enthaltsamen Betragens bewußt, indem ich mir manche unschuldige Freude versagte, teils um jenen magischen Vorzug zu bewahren, teils um ein harmloses Wesen nicht zu verletzen, wenn ich ihn aufgäbe." Goethe flicht hier allerdings das Wort „abergläubisch" ein, woraus man, wenn man sonst nichts wüßte, schließen könnte, daß er später über allen Glauben an magische Dinge erhaben war. Es handelt sich indessen nur um eine jener wenigen antiokkultistischen Bemerkungen, wie sie gelegentlichen rationalistischen Stimmungen entsprungen sein mögen. Jedenfalls war er zur Zeit jenes Erlebnisses von der magischen Wirkung fest überzeugt.

DAS DÄMONISCHE

Daß er aber auch nach dem Straßburger Abenteuer sich zum Glauben an die Möglichkeit der Magie bekannt hat, beweist namentlich die folgende Stelle aus dem 20. Buche seiner Selbstbiographie: „Am furchtbarsten erscheint das Dämonische, wenn es in irgendeinem Menschen überwiegend hervortritt. Während meines Lebensganges habe ich mehrere, teils in der Nähe, teils in der Ferne beobachten können. Es sind nicht immer die vorzüglichsten Menschen, weder an Geist noch an Talenten, selten durch Herzensgüte sich empfehlend, aber eine ungeheure Kraft geht von ihnen aus; und sie üben eine unglaubliche Gewalt über die Geschöpfe, ja sogar über die Elemente, und wer kann sagen, wie weit sich eine solche Wirkung erstrecken wird?" Man bedenke, was das sagen will! Wer dämonischen Menschen eine unglaubliche Gewalt über die Geschöpfe, ja sogar über die Elemente zutraut, der wird nicht nur an Lappalien, wie Tischrücken, Unverletzbarkeit gegen Feuer, forciertem Pflanzenwachstum, mystischer Erzeugung von Geräuschen und anderem keinen Anstoß nehmen, sondern auch den auf der Durchdringung der Materie beruhenden „spiritistischen" Apport, die Levitation, die Stigmatisation und die Hexerei für möglich halten.

In einem (im Dez. 1816 geschriebenen) Briefe an das Ehepaar von Willemer ist in zustimmendem Sinne die Rede von „magischen Zeichen" und „magischen Wirkungen".

Und wenn Faust sich der „Magie ergeben", so ist damit nicht nur der Faustsage Rechnung getragen, sondern die Magie überdies als etwas Mögliches und Erstrebenswertes gedacht. Die von Herrn Türck in seiner „Neuen Fausterklärung" vertretene Ansicht, daß unter Magie das wissenschaftliche Streben überhaupt zu verstehen sei, halte ich für ganz verfehlt; denn **diesem** Streben, das froh ist, wenn es Regenwürmer findet, hat sich vielmehr der Famulus Wagner ergeben.

Bezüglich des Dämonischen, das oben erwähnt wurde, ist noch zu bemerken, daß es ein Lieblingsthema der Gespräche mit Eckermann gebildet hat. So hat Goethe im März 1830 geäußert: „Nicht bloß wir sind die Liebe, sondern es ist es auch das uns anreizende liebe Objekt. Und dann, was nicht zu vergessen, kommt als ein mächtiges Drittel noch das Dämonische hinzu, das jede Leidenschaft zu begleiten pflegt und das in der Liebe sein eigentliches Element findet." Im Februar 1831: „Dergleichen (daß Hindernisse sich hinterher als segensreich erweisen) ist mir in meinem Leben öfter begegnet, und man kommt dahin, in solchen Fällen an eine höhere Einwirkung, an etwas Dämonisches zu glauben, das man anbetet, ohne sich anzumaßen, es weiter erklären zu wollen." Im März 1831 kam das Dämonische wiederholt zur Sprache, wobei die Unterhaltung mit Goethes Worten eingeleitet wurde: „Das Dämonische ist dasjenige, was durch Verstand und Vernunft nicht aufzulösen ist. In meiner Natur liegt es nicht, aber ich bin ihm unterworfen." Es manifestiere sich in der ganzen Natur, in der sichtbaren wie in der unsichtbaren. Manche Geschöpfe seien ganz dämonischer Art, in manchen seien Teile von ihm wirksam. Unter den Künstlern finde es sich mehr bei Musikern, weniger bei Malern. Hervorragend dämonische Naturen seien Napoleon, Friedrich der Große, Peter der Große, Byron und auch der verstorbene Großherzog gewesen; Mephistopheles habe hingegen keine dämonischen Züge, da er ein viel zu negatives Wesen sei, während das Dämonische sich in einer durchaus positiven Tatkraft äußere.

GEDANKENÜBERTRAGUNG

Die Gedankenübertragung, die Goethe aus eigener Erfahrung gekannt, erwähnt er dem Sinne nach auch in den „Noten zum westöstlichen Divan". Die Note „Blumen- und Zeichenwechsel" schließt nämlich mit den Worten: „Zwei liebende Paare machen eine Lustfahrt von einigen Meilen, bringen einen frohen Tag miteinander zu; auf der Rückkehr unterhalten sie sich, Charaden aufzugeben. Gar bald wird nicht nur eine jede, wie sie vom Munde kommt, sogleich erraten, sondern zuletzt sogar das Wort, das der andere denkt und eben zum Worträtsel umbilden will, durch die unmittelbarste Divination erkannt und ausgesprochen. Indem man dergleichen zu unseren Zeiten erzählt und beteuert, darf man nicht fürchten, lächerlich zu werden, da solche psychische Erscheinungen noch lange nicht an dasjenige reichen, was der organische Magnetismus zu Tage gebracht hat." Darnach befinden wir uns heutzutage hinsichtlich der tieferen Naturerkenntnis in einer rückläufigen Periode; denn man hat reichliche Gelegenheit, „lächerlich zu werden", wenn man die Möglichkeit der Telepathie oder die Existenz des animalischen Magnetismus – um von andern okkulten Dingen zu schweigen – behauptet.

ANIMALISCHER MAGNETISMUS

Den animalischen Magnetismus*) hat Goethe übrigens schon in der „Italienischen Reise" (Aug. 1887) mit den Worten erwähnt: „Bei meiner Rückreise durch die Schweiz werde ich auf den Magnetismus achten. Die Sache ist weder ganz leer, noch ganz Betrug. Nur die Menschen, die sich bisher damit abgeben, sind mir verdächtig." Ferner zitiert Graf Szapary in seinem Buche „Katechismus des Vitalmagnetismus" (Leipzig 1845) S. 107 eine lange, mir jedoch nirgends aufgestoßene Auslassung Goethes über diesen Gegenstand, auf deren Wiedergabe ich indessen verzichte, weil man gegen Zitate, denen die Quellenangabe fehlt, nicht mißtrauisch genug sein kann.

*) Der Ausdruck wird fälschlicherweise oft als „tierischer Magnetismus" wiedergegeben. Doch das Adjektiv leitete man damals sowohl von dem Wort anima = Seele als auch von animus = Tier ab, weshalb man den animalischen Magnetismus besser mit seelischem oder psychischem Magnetismus übersetzen sollte. Goethe selbst benutzt das Adjektiv animalisch für psychisch. So heißt es bei ihm („Aus meinem Leben", 11. Buch), daß man sich der „physischen und animalischen Zustände nicht entziehen" könne. Anm. des Herausgebers.

FERNWIRKUNG ZWISCHEN LEBLOSEN GEGENSTÄNDEN

Um auf die Telepathie zurückzukommen, so hat Goethe vor den „Aufgeklärten“ so wenig Respekt, daß er sich nicht scheut, in den „Unterhaltungen deutscher Ausgewanderten“ einen Fall von Fernwirkung zwischen zwei leblosen Gegenständen zu bringen. Als von zwei gleichen, aus demselben Holze und vom selben Meister verfertigten Schreibtischen der eine verbrennt, reißt die gewölbte Decke des andern ohne erkennbare Ursache völlig durch. Am Schlusse der Erzählung, die man in der Quelle nachlesen wolle, heißt es alsdann höchst bemerkenswerterweise: „Sie ergriffen die Gelegenheit, über manche unleugbare Sympathien zu sprechen, und fanden am Ende eine Sympathie zwischen Hölzern, die aus einem Stamme erzeugt worden, zwischen Werken, die ein Künstler verfertigt, noch ziemlich wahrscheinlich. Ja, sie wurden einig, dergleichen Phänomene ebensogut für Naturphänomene gelten zu lassen, als andere, welche sich öfter wiederholen, die wir mit Händen greifen und doch nicht erklären können. – Überhaupt, sagte Karl, scheint mir, daß jedes Phänomen, sowie jedes Faktum an sich eigentlich das interessante sei.

Wer es erklärt oder mit anderen Begebenheiten zusammenhängt, macht sich gewöhnlich eigentlich nur einen Spaß und hat uns zum Besten, wie z.B. der Naturforscher und Historienschreiber. Aber eine einzelne Handlungsweise oder Begebenheit ist interessant, nicht weil sie erklärbar oder wahrscheinlich, sondern weil sie wahr ist.“

Diese Bemerkungen sind köstlich! Arme Naturforscher vom Schlage eines Haeckel! Während Ihr glaubt, die Welträtsel und die verschiedensten Phänomene ganz ernstlich erklärt zu haben, ist der von Euch so hochgeschätzte „größte deutsche Denker“ der Ansicht, daß „wir alle in Geheimnissen und Wundern tappen“ und daß sich der Naturforscher gewöhnlich nur einen Spaß erlaubt, wenn er Phänomene erklärt.

DIE MELODIE DES SCHICKSALS VERNEHMEN

Daß die Möglichkeit des Vorausschauens, das Goethe bei seinem Großvater öfter erlebt hatte, ihm auch später ein ganz geläufiger Gedanke war, dafür gibt es mehrere Belege. In „Erwin und Elmire“ (1775, umgearbeitet 1788) kommt ein „alter, edler“ Eremit vor, dessen besondere Begabung also beschrieben ist:

> Sein ungetrübtes, freies Auge schaut
> Die Ferne klar, die uns im Nebel liegt.
> Die Melodie des Schicksals, die um uns
> In tausend Kreisen klingend sich bewegt,
> Vernimmt sein Ohr und wir erhaschen kaum
> Nur abgebrochne Töne hier und da.

In Übereinstimmung hiermit werden in der VI. Abteilung der „Maximen und Reflexionen“ der Wahrsager und der Poet auf verschiedene Weise als die Seher erkannt, welche des Lebens tiefe Geheimnisse erkennen.

VORGESICHT UND RÄUMLICHES FERNSEHEN

Auf das zeitliche Fernsehen kommt Goethe auch in der Beschreibung der Rheinreise (1814) zu sprechen. Er schildert, wie das Kloster Eibingen den unangenehmsten Begriff eines durch die Kriegsfurie zerstörten würdigen Daseins gebe und sagt schließlich: „Wenn eine der Nonnen vor Jahren die Gabe des Vorgesichts gehabt hätte, hätte sie sich vor der künftigen Zerrüttung und Entweihung entsetzen müssen.“

Ein Beispiel von räumlichem Fernsehen findet sich in den „Wahlverwandtschaften“, wo „wundersame nächtliche Erscheinungen“, die Ottilie während ihrer Trennung von Eduard hatte, also beschrieben werden: Wenn sie sich abends zur Ruhe gelegt und in süßem Gefühl noch zwischen Schlaf und Wachen schwebte, schien es ihr, als wenn sie in einen ganz hellen, doch mild erleuchteten Raum hineinblickte. In diesem sah sie Eduard ganz deutlich, und zwar nicht gekleidet, wie sie ihn sonst gesehen, sondern in einem kriegerischen Anzug, jedesmal in einer anderen Stellung, die aber vollkommen natürlich war und nichts Phantastisches an sich hatte, stehend, gehend, liegend, reitend. Die Gestalt, bis aufs kleinste ausgemalt, bewegte sich willig vor ihr, ohne daß sie das mindeste dazu tat, ohne daß sie wollte oder die Einbildungskraft anstrengte. Manchmal sah sie ihn auch umgeben, besonders von etwas Beweglichem, das dunkler war, als der helle Grund; aber sie unterschied kaum Schattenbilder, die ihr zuweilen als Menschen, als Pferde, als Bäume und Gebirge vorkommen konnten. Gewöhnlich schlief sie über der Erscheinung ein, und wenn sie nach einer ruhigen Nacht morgens wieder erwachte, so war sie erquickt, getröstet, sie fühlte sich überzeugt, Eduard lebe noch, sie stehe mit ihm noch in dem innigsten Verhältnis.“

OTTILIENS PENDELVERSUCHE

Ottilie besitzt indessen auch andere somnambule Fähigkeiten. Als sie gelegentlich eines Spazierganges (II, 11) sich weigert, einen gewissen Seitenweg zu betreten, stellt sich bei der Untersuchung des Terrains heraus, daß er über ein Steinkohlenlager führt. Ihre Empfindungen gibt Ottilie selbst mit den Worten wieder: „Ich habe jenen Nebenweg niemals betreten, ohne daß mich ein ganz eigener Schauer überfallen hätte, den ich sonst nirgends empfinde und den ich mir nicht zu erklären weiß. Ich vermeide daher lieber, mich einer solchen Empfindung auszusetzen, um so mehr, als sich gleich darauf ein Kopfweh an der linken Seite einstellt, woran ich sonst auch manchmal leide." Hauptsächlich wird aber Ottiliens mystische Veranlagung durch einen gleich hinterher unternommenen, sehr gelungenen Pendelversuch erwiesen. Dieser Versuch wurde vom „stillen, aber sehr gefälligen Begleiter" eines zum Besuch anwesenden Lords angestellt, den Eduard auf Reisen kennengelernt hatte. „Der Begleiter hatte seinen Apparat von goldenen Ringen, Markasiten und anderen metallischen Substanzen, die er in einem schönen Kästchen immer bei sich führte, schon ausgebreitet und ließ nun Metalle, an Fäden schwebend, über liegende Metalle zum Versuche nieder. „Ich gönne Ihnen die Schadenfreude, Mylord", sagte er dabei, „die ich auf Ihrem Gesichte lese, daß sich bei mir und für mich nichts bewegen will. Meine Operation ist aber auch nur ein Vorwand. Wenn die Damen zurückkehren, sollen sie neugierig werden, was wir Wunderliches hier beginnen." Die Frauenzimmer kamen zurück. Charlotte verstand sogleich, was vorging. „Ich habe manches von diesen Dingen gehört", sagte sie, „aber niemals eine Wirkung gesehen. Da Sie alles so hübsch bereit haben, lassen Sie mich versuchen, ob es mir nicht auch anschlägt." Sie nahm den Faden in die Hand, und da es ihr Ernst war, hielt sie ihn stät und ohne Gemütsbewegung, allein auch nicht das mindeste Schwanken war zu bemerken. Darauf ward Ottilie veranlaßt. Sie hielt den Pendel noch ruhiger, unbefangener, unbewußter über die unterliegenden Metalle: aber in dem Augenblicke ward das Schwebende wie in einem entschiedenen Wirbel fortgerissen und drehte sich, je nachdem man die Unterlage wechselte, bald nach der einen, bald nach der andern Seite, jetzt in Kreisen, jetzt in Ellipsen, oder nahm seinen Schwung in geraden Linien, wie es der Begleiter nur erwarten konnte; ja über alle seine Erwartung. Der Lord selbst stutzte einigermaßen, aber der andere konnte vor Lust und Begierde gar nicht enden und bat immer um Wiederholung und Vermannigfaltigung der Versuche. Ottilie war gefällig genug, sich in sein Verlangen zu finden, bis sie ihn zuletzt freundlich ersuchte, er möge sie entlassen, weil ihr Kopfweh sich wieder einstelle. Er war darüber verwundert, ja entzückt, versicherte ihr mit Enthusiasmus, daß er sie von diesem Übel völlig heilen wolle, wenn sie sich seiner Kurart anvertraue. Man war einen Augenblick ungewiß; Charlotte aber, die geschwind begriff, wovon die Rede sei, lehnte den wohlgemeinten Antrag ab, weil sie nicht gemeint war, in ihrer Umgebung etwas zuzulassen, wovor sie immerfort eine starke Apprehension gefühlt hatte."

Im Lord tritt uns der typische hartgesottene Skeptiker entgegen. Selbst als der Versuch zweifellos gelingt, stutzt er eben nur einigermaßen, um der Tatsache hinterher vermutlich wieder ins Gesicht zu schlagen. Vor der Beschreibung des Versuches findet sich nämlich die folgende, auch sonst ganz bemerkenswerte Stelle: „Es konnte niemals fehlen, wenn die Sache zur Sprache kam, daß der Lord nicht seine Gründe dagegen abermals wiederholte, welche der Begleiter bescheiden und geduldig aufnahm, aber doch zuletzt bei seiner Meinung, bei seinen Wünschen verharrte. Auch gab er wiederholt zu erkennen, daß man deswegen, weil solche Versuche nicht jedermann gelängen, die Sache nicht aufgeben, ja vielmehr nur desto ernsthafter und gründlicher untersuchen müßte: da sich gewiß noch manche Bezüge und Verwandtschaften unorganischer Wesen untereinander, organischer gegen sie und abermals untereinander offenbaren würden, die uns gegenwärtig verborgen seien."

Wie wenig gerade die „Wahlverwandtschaften" dichterisch gefärbt sind, beweist das an Eckermann (Febr. 1829) gerichtete Wort: „Es ist in den ‚Wahlverwandtschaften' überall keine Zeile, die ich nicht selbst erlebt hätte." Ob man dies wohl auch auf den Pendelversuch beziehen darf? Eine eigentliche Somnambule, d.h. eine in somnambulem Schlaf befindliche Seherin, hat Goethe ja, wie er dem Kanzler von Müller (Febr. 1830) sagte, nie sehen mögen. Vermutlich hätte der Anblick eine unliebsame Störung seines seelischen Gleichgewichts zur Folge gehabt; mochte er doch auch keine Leiche, ja nicht einmal eine körperliche Verunstaltung ansehen.*)

*) Z. B. ließ Goethe, als seine Schwiegertochter sich durch einen Fall vom Pferde das Gesicht verletzt hatte (1826), ihr sagen, daß er sie erst sehen werde, wenn sie wieder hergestellt sein würde. Bekanntlich mochte er auch keine Karikaturen leiden.

SEINE MEINUNG
ÜBER DIE SEHERIN VON PREVORST

Aus Goethes Abneigung, eine Somnambule zu sehen, nun aber zu schließen, daß er den ganzen Okkultismus abgelehnt habe, wäre gewiß ein starkes Stück, das M. Heynacher in seinem Buche „Goethes Philosophie aus seinen Werken" sich gleichwohl geleistet hat. Nachdem er nämlich jene Äußerung Goethes angeführt, setzt er lediglich hinzu: „Begnügen wir uns mit diesem Worte, um Goethes Stellung zum Okkultismus anzudeuten." Der ganze Inhalt dieser meiner Schrift existiert also für einen solchen Goethe-Forscher nicht. Nun kommt aber hinzu, daß Goethe bei dieser Gelegenheit, bei welcher er mit dem Kanzler Friedrich von Müller über Magnetismus und die Seherin von Prevorst sprach, auch die folgende, ungleich wichtigere Äußerung machte: „Ich zweifle nicht, daß diese wundersamen Kräfte in der Natur des Menschen liegen, ja, sie müssen darin liegen, aber man ruft sie auf falsche, oft frevelhafte Weise hervor." Es wäre interessant zu wissen, welche „wundersamen Kräfte" Goethe hier im Auge gehabt hat, ob nur gewisse oder sämtliche Fähigkeiten der Seherin von Prevorst. Bei dieser außerordentlich veranlagten Somnambulen, die damals eben gestorben war, zeigten sich nämlich fast alle Seiten des sogenannten Nachtlebens der Seele vereinigt: Ahnungen, Visionen, zweites Gesicht, Gedankenlesen, Doppelgängerei, ungewöhnliche Sensitivität (selbst gegen Metalle und Pflanzen), Stellung von Krankheitsdiagnosen nebst Angaben von Heilmitteln, siderische Veranlagung (mystische Zeichnungen des Sonnen- und Lebenskreises), Geistersehen und förmlicher Verkehr mit der anderen Welt.*)

---

*) Justinus Kerner, „Die Seherin von Prevorst". Nach allem, was Goethe sonst über okkulte Dinge geäußert hat, ist anzunehmen, daß er keine einzige dieser Fähigkeiten ganz und gar geleugnet haben würde.

LAVATER UND DESSEN GEIST GABLIDON

Ein Gegenstück zu Heynacher bildet jener Mitarbeiter der Frankfurter Zeitung, der zur Zeit der Rothe-Hetze mit einer Feuilleton-Notiz „Goethes Urteil über den Spiritismus“ den Dichter als Zeugen gegen den Okkultismus – für die große Menge bedeutet ja Okkultismus dasselbe wie Spiritismus – auszuspielen wagte. In dieser Notiz ist der von Goethe an Lavater am 14. Nov. 1781 gerichtete Brief wiedergegeben, in welchem durchaus berechtigte Randglossen über einen Geist namens Gablidon gemacht werden, mit dem Lavater es irgendwie zu tun gehabt haben will. Goethe scheint ein Bild der fraglichen Erscheinung erhalten zu haben; denn der Brief beginnt mit den Worten: „Arbeiten und Zerstreuungen haben mich abgehalten, dir für den überschickten Gablidon zu danken, welcher mir eine wunderbare Erscheinung gewesen ist.“ Näheres konnte ich dem Briefwechsel, wie er sich in den „Schriften der Goethe-Gesellschaft“ findet, nicht entnehmen, da er vielleicht nicht lückenlos ist; wenigstens enthält der vorhergehende, drei Monate früher datierte Brief Lavaters an Goethe nichts über Gablidon. Daß Goethe – wie es jeder halbwegs besonnene Okkultist von heute auch getan haben würde – sich in diesem Falle sehr skeptisch verhielt und die bloße Abbildung einer zweifelhaften Erscheinung nicht als genügend beweiskräftig ansah, darf um so weniger Wunder nehmen, als er keine Ahnung davon haben konnte, daß gerade das Abstoßende der Manifestationen unter Umständen problematisch werden kann.

Unendlich viel wichtiger als Goethes nur zu leicht erklärliche abfällige Bemerkungen über Gablidon ist nun aber seine im Eingang des Briefes in einer **sehr** nüchternen Lebensperiode gemachte Äußerung, daß er geneigter als jemand sei, „noch an eine Welt außer der sichtbaren zu glauben“. Diese dem Materialismus direkt ins Gesicht schlagende Stelle nicht unterdrückt zu haben, dazu bedurfte es der ganzen Dummdreistigkeit des Zeilenschinders der „Frankfurter Zeitung“. In der Tat fällt schon dieses **eine** Bekenntnis Goethes hundertmal schwerer ins Gewicht, als alles, was die Gegner der okkultistischen Weltansicht in der „Bibel des modernen Menschen“ (wie man Goethe hin und wieder zu nennen beliebt) zu ihren Gunsten etwa finden möchten.

Gewiß liegen ja einige anti-okkultistische Äußerungen vor, wie es überhaupt fast gar nichts gibt, über das der universellste aller Geister sich nicht verschieden geäußert hätte. Jene wenigen Bemerkungen, die sich zudem (wie der „Großkophta“) mehr gegen wüsten Aberglauben und gegen mißbräuchliches Hervorrufen okkulter Phänomene richten, verschwinden jedoch vollkommen im Vergleich mit der Fülle des zugunsten des Okkultismus Gesagten. Nicht ohne weiteres ist hingegen die Frage zu bejahen, ob Goethe in Anbetracht der großen Erregbarkeit seines Wesens an **jeder** Art okkultistischer Experimente, namentlich an sogenannten spiritistischen Sitzungen, teilgenommen hätte. Der Zweifel in dieser Beziehung berechtigt jedoch keineswegs zur Annahme, daß Goethe derartige, im Interesse der Wahrheitsforschung angestellte Experimente überhaupt verpönt hätte. Wenigstens schreibt er z.B. an Zelter (Dez. 1827): „Um sich gewisse geheim-verwickelte Dinge zu erklären, muß man es an allerlei Versuchen nicht fehlen lassen.“ Und daß Goethe in seinem Forscherdrang über die Boykottierung des Okkultismus durch die heutige Zunftwissenschaft geradezu entrüstet gewesen wäre, kann man zuversichtlich aus den Worten schließen: „Das schädlichste Vorurteil ist, daß irgendeine Art Naturuntersuchung mit dem Bann belegt werden könnte.“

DIE WÜNSCHELRUTE

Auf somnambuler Veranlagung beruht nach Goethe auch das Auffinden von unterirdischen Wasserläufen und Metalladern mittelst der Wünschelrute. Abgesehen davon, daß er dies nachgerade zu Ehren kommende Wort hin und wieder im bildlichen Sinne gebraucht, war er davon überzeugt, daß die Rutengängerei durchaus ernst zu nehmen sei. Dies beweist zunächst der in den „Weissagungen des Bakis“ vorkommende Vers:

Wünschelruten sind hier: Sie zeigen am Stamm nicht die Schätze,
Nur in der fühlenden Hand regt sich das magische Reis.

Mit Riemer sprach er (1808) über Galvanismus, Siderismus, Wünschelrute usw. (Biedermann, „Gespräche mit Goethe", II, Nr. 355). Gestreift ist das Rutengängerproblem mit der oben bereits erwähnten Sensitivität Ottiliens gegen Steinkohlen. Ganz entschieden tritt Goethe für die Wünschelrute in den „Wanderjahren" ein. Nachdem dieses „prophetische Reis" schon im 10. Kapitel des zweiten Buches erwähnt ist, wird im 14. Kapitel des dritten Buches auf die Sache näher eingegangen, und zwar wird unmittelbar vorher, wie um dem folgenden (zu dem auch der Bericht über die geheimnisvolle Makarie gehört) einen größeren Nachdruck zu geben, eine immer noch zeitgemäße Betrachtung über das Studium der Wissenschaften vorausgeschickt, deren Wiedergabe hier nicht überflüssig sein dürfte.

„Bei dem Studieren der Wissenschaften, besonders deren, welche die Natur behandeln, ist die Untersuchung so nötig als schwer, ob das, was uns von alters her überliefert und von unseren Vorfahren für gültig geachtet worden, auch wirklich zulässig sei, in dem Grade, daß man darauf fernerhin sicher fortbauen möge? oder ob ein herkömmliches Bekenntnis nur stationär geworden und deshalb mehr einen Stillstand als einen Fortschritt veranlasse? Ein Kennzeichen fördert diese Untersuchung, wenn nämlich das Angenommene lebendig und in das tätige Bestreben einwirkend und fördernd gewesen und geblieben ist.

Im Gegensatz steht die Prüfung des Neuen, wo man zu fragen hat, ob das Angenommene wirklicher Gewinn oder nur modische Übereinstimmung sei? Denn eine Meinung, von energischen Männern ausgehend, verbreitet sich kontagiös über die Menge, und dann heißt sie herrschend, – eine Anmaßung, die für den treuen Forscher gar keinen Sinn ausspricht.*) Staat und Kirche mögen allenfalls Ursache finden, sich für herrschend zu erklären: denn die haben es mit der widerspenstigen Masse zu tun, und wenn nur Ordnung gehalten wird, so ist es ganz einerlei, durch welche Mittel; aber in den Wissenschaften ist die absoluteste Freiheit nötig: denn da wirkt man nicht für heut und morgen, sondern für eine undenklich vorschreitende Zeitenreihe.

Gewinnt aber auch in der Wissenschaft das Falsche die Oberhand, so wird doch immer eine Minorität für das Wahre übrig bleiben, und wenn sie sich in einen einzigen Geist zurückzöge, so hätte das nichts zu sagen: er wird im Stillen, im Verborgenen fortwaltend wirken, und eine Zeit wird kommen, wo man nach ihm und seinen Überzeugungen fragt, oder wo diese sich bei verbreitetem allgemeinem Licht auch wieder hervorwagen dürfen.

Was jedoch weniger allgemein, obgleich unbegreiflich und wunderseltsam zur Sprache kam, war die gelegentliche Eröffnung Montans, daß ihm bei seinen gebirgischen und bergmännischen Untersuchungen eine Person zur Seite gehe, welche ganz wundersame Eigenschaften und einen ganz eigenen Bezug auf alles habe, was man Gestein, Mineral, ja sogar was man überhaupt Element nennen könne. Sie fühle nicht bloß eine große Einwirkung der unterirdisch fließenden Wasser, metallischer Lager und Gänge, sowie der Steinkohlen und was dergleichen in Massen beisammen sein möchte, sondern was wunderbarer sei, sie befinde sich anders und wieder anders, sobald sie nur den Boden wechsle. Die verschiedenen Gebirgsarten übten auf sie einen besonderen Einfluß, worüber er sich mit ihr, seitdem er eine zwar wunderliche, aber doch auslangende Sprache einzuleiten gewußt, recht gut verständigen und sie im einzelnen prüfen könne, da sie denn auf eine merkwürdige Weise die Probe

*) Wer dächte hier nicht an den immer allgemeiner als Irrtum erkannten Darwinismus, d.h. an jene Auffassung der Deszendenztheorie, welche die Entwicklung als lediglich durch äußere Einflüsse herbeigeführt erklären will! M.S.

bestehe, indem sie sowohl chemische als physische Elemente durchs Gefühl gar wohl zu unterscheiden wisse, ja sogar durch den Anblick das Schwerere von dem Leichteren unterscheide."

Der Umstand, daß hier von der Rute gar nicht weiter die Rede ist, beweist im Verein mit der ganzen Darstellung, daß Goethe die somnambule Befähigung des Rutengängers (und nicht etwa gewisse Eigenschaften der Rute) als das Wesentliche der Sache glaubt erkennen zu können. Am Schluße des 15. Kap. kommt er auf die „Wünschelrute", wie er jetzt die Person selbst nennt, zurück und sagt, daß ihre Fähigkeit, versteckte Quellen zu finden, auch von der Dienerschaft bemerkt worden sei; worauf das Kapitel mit den Worten schließt: „Und so war denn doch für Montans Angaben ein Zeugnis zurückgeblieben, der, wahrscheinlich um lästige Versuche und unzulängliches Probieren zu vermeiden, die Gegenwart einer so merkwürdigen Person vor seinen edlen Wirten, welche sonst wohl ein solches Zutrauen verdient hätten, zu verheimlichen beschloß. Wir aber wollten, was uns bekannt geworden, auch unvollständig, wie es vorliegt, mitgeteilt haben, um forschende Männer auf ähnliche Fälle, die sich vielleicht öfter, als man glaubt, durch irgendeine Andeutung hervortun, freundlich aufmerksam zu machen."

DIE ERDE ALS LEBENDIGER ORGANISMUS

Goethes Hang zum Okkultismus machte sich sogar bei meteorologischen Beobachtungen geltend. So schreibt er auf der Reise nach Italien (1786) vom Brenner aus: „Wir halten die Gebirge für tot, weil sie erstarrt sind; wir glauben sie untätig, weil sie ruhen. Ich aber kann mich schon seit längerer Zeit nicht entbrechen, einer innern, stillen, geheimen Wirkung derselben die Veränderungen, die sich in der Atmosphäre zeigen, zum großen Teile zuzuschreiben. Ich glaube nämlich, daß die Masse der Erde überhaupt, und folglich auch besonders ihre hervorragenden Grundfesten, nicht eine beständige, nicht immer gleiche Anziehungskraft ausüben, sondern daß diese

Anziehungskraft sich in einem gewissen Pulsieren äußert, so daß sie sich durch innere notwendige, vielleicht auch äußere zufällige Ursachen bald vermehrt, bald vermindert."

Es gehört nicht viel Phantasie dazu, um diesen Gedankengang mit der Lehre Fechners, daß die Erde ein lebendiger Organismus sei, in Beziehung zu bringen. Und daß Goethe selbst diese Idee in der Tat nicht ganz fern lag, hat er sowohl gegen Eckermann (April 1827) mit den Worten verraten: „Ich denke mir die Erde mit ihrem Dunstkreise gleichnisweise als ein großes lebendiges Wesen, das im ewigen Ein- und Ausatmen begriffen ist," - als auch in der VII. Abteilung der „Zahmen Xenien" folgendermaßen zum Ausdruck gebracht:

Das Leben wohnt in jedem Sterne:
Er wandelt mit den andern gerne
Die selbsterwählte reine Bahn;
Im innern Erdenball pulsieren
Die Kräfte, die zur Nacht uns führen
Und wieder zu dem Tag heran.

SEIN VERHÄLTNIS ZUR ASTROLOGIE

Daß Goethe weiterhin der Astrologie keineswegs ablehnend gegenüberstand, dafür finden sich wiederum mehrere Anhaltspunkte. Zunächst schreibt er in den denkwürdigen Aufzeichnungen „Aus meinem Leben" über die Konstellation und den Einfluß der Gestirne in seiner Geburtsstunde wörtlich folgendes: „Die Sonne stand im Zeichen der Jungfrau und kulminierte für den Tag; Jupiter und Venus blickten sich freundlich an, Merkur nicht widerwärtig; Saturn und Mars verhielten sich gleichgültig, nur der Mond, der soeben voll ward, übte die Kraft seines Gegenscheins um so mehr, als zugleich seine Planetenstunde eingetreten war. Er widersetzte sich daher meiner Geburt, die nicht eher erfolgen konnte, als bis diese Stunde vorübergegangen. Die guten Aspekten, welche mir die Astrologen in der Folgezeit sehr hoch anzurechnen wußten, mögen wohl Ursache an meiner Erhaltung gewesen sein: denn durch Ungeschicklichkeit der Hebamme kam ich für tot auf die Welt, und nur durch vielfache Bemühungen brachte man es dahin, daß ich das Licht der Welt erblickte."

Alsdann ist es bezeichnend, daß Goethe-Faust von den „heiligen Zeichen" des „geheimnisvollen Buches" des hervorragenden Astrologen Nostradamus spricht.

Ferner findet sich in der „Farbenlehre" ein Kapitel „Paradoxer Seitenblick auf die Astrologie", in welchem es u.a. heißt: „Und so haben die Astrologen, deren Lehre auf gläubige unermüdete Beschauung des Himmels begründet war, unsere Lehre von Schein, Rück-, Wider- und Nebenschein vorempfunden; nur irrten sie darin, daß sie das Gegenüber für ein Widerwärtiges erklärten, da doch der direkte Rück- und Widerschein für eine freundliche Erwiderung des ersten Scheins zu achten. Der Vollmond steht der Sonne nicht feindlich entgegen, sondern sendet ihr gefällig das Licht zurück, das sie ihm verlieh; es ist Artemis, die freundlich und sehnsuchtsvoll den Bruder anblickt. Welche große Veränderung der Sterndeutekunst durch diese Auslegungsart erwüchse, fällt jedem Freund und Gönner solcher Wunderlichkeiten alsobald in die Augen."

Als Schiller mit der Wallenstein-Tragödie beschäftigt war, schrieb ihm Goethe (Dez. 1798): „Der astrologische Aberglaube ruht auf dem dunkeln Gefühl eines ungeheuren Weltganzen. Die Erfahrung spricht, daß die nächsten Gestirne einen entschiedenen Einfluß auf Witterung, Vegetation usw. haben, man darf nur stufenweise immer aufwärts steigen, und es läßt sich nicht sagen, wo diese Wirkung aufhört. Findet doch der Astronom überall Störungen eines Gestirns durch andere. Ist doch der Philosoph geneigt, ja genötigt, eine Wirkung auf das Entfernteste anzunehmen. So darf der Mensch im Vorgefühl seiner selbst nur immer etwas weiterschreiten und diese Einwirkung aufs Sittliche, auf Glück und Unglück ausdehnen. Diesen und ähnlichen Wahn möchte ich nicht einmal Aberglauben nennen, er liegt unserer Natur so nahe, ist so leidlich und läßlich als irgendein Glaube." Allem Anschein nach hatte Goethe in diesem Falle gerade nur beim Ansetzen der Feder eine rationalistische Anwandlung, da die Bedeutung des Wortes „Aberglaube" gegen den Schluß hin immer mehr abgeschwächt wird.

Außerdem hat Goethe sich zur Astrologie bekannt mit den Versen:

Wie an dem Tag, der dich der Welt verliehen,
Die Sonne stand zum Gruße der Planeten,
Bist alsobald und fort und fort gediehen
Nach dem Gesetz, wonach du angetreten.
So mußt du sein, dir kannst du nicht entfliehen.

Und:

Da ist's denn wieder, wie die Sterne wollten:
Bedingung und Gesetz und aller Wille
Ist nur ein Wollen, weil wir eben sollten,
Und vor dem Willen schweigt die Willkür stille.

Es ist von Albert Kniepf der dankenswerte Versuch gemacht worden, die Astrologie modern-wissenschaftlich zu begründen. Dieser weitblickende Forscher hat in der Monatsschrift „Die Kritik" (vom 19. Aug. 1899) Goethes Horoskop gestellt und bei dieser Gelegenheit gezeigt, inwiefern der Olympier durch die Stellung der Gestirne bei seiner Geburt zum Okkultisten gestempelt war.

PHYSIOGNOMIK UND CHIROMANTIE

Mit der Astrologie ist die Chiromantie insofern verwandt, als sie aus den Linien und anderen Merkmalen der Hand nicht nur Geistes- und Charaktereigenschaften, sondern auch das Schicksal lesen will. In ersterer Beziehung hätte Goethe, der die Physiognomik Lavaters beifällig aufgenommen, gegen die Chiromantie sich wohl kaum gesträubt; hat er doch dem Gedanken, daß der Mensch so ist, wie er aussieht, verschiedentlich Ausdruck verliehen. So sagt er einmal: „Die Gestalt des Menschen ist der Text zu allem, was sich über ihn sagen und empfinden läßt.“ In „Hermann und Dorothea“ verbürgt der „vollkommene Körper“ der Jungfrau die „Reinheit ihrer Seele“. Und in den Noten zu „Goethes Harzreise im Winter“ steht sogar, daß „die Neugier rege ward, welchen Körper sich ein so wunderlicher Geist gebildet habe.“ (Gemeint ist Plessing). Die einzige, unmittelbar an Chiromantie erinnernde Stelle, die ich gefunden, bezieht sich auf die andere Seite dieser Geheimwissenschaft, auf die Vorhersagung des Schicksals. Am Schlusse der „Iphigenie“ wendet sich nämlich Orests Schwester an Thoas mit den Worten:

> Sieh hier an seiner rechten Hand das Mal
> Wie von drei Sternen, das am Tage schon,
> Da er geboren ward, sich zeigte, das
> Auf schwere Tat, mit dieser Faust zu üben,
> Der Priester deutete.

Vielleicht möchte man hier einwenden, daß der Dichter seine Iphigenie doch nur ihre, bzw. des Priesters Anschauung gemäß dem Glauben ihrer Zeit aussprechen läßt. Darüber ließe sich reden, wenn der Erzokkultist Goethe nicht viel schlimmere Dinge auf dem Gewissen hätte, so daß es auf diesen chiromantischen Fall wahrlich nicht mehr ankommt.

SEINE VEREHRUNG FÜR SWEDENBORG

Sehr deutlich tritt Goethes okkultistische Denkweise hinsichtlich der Frage der Existenz eines Geisterreiches hervor. Daß er diese Frage bejaht, folgt, wie sich später ergeben wird, schon aus manchen Zeugnissen, die er zugunsten der Fortdauer nach dem Tode abgelegt hat. Ferner steht fest, daß er Swedenborg (der neuerdings von der schwedischen Akademie der Wissenschaften sehr zu Ehren gebracht wird) unter dem Einfluß des Fräulein von Klettenberg gründlich studiert und gar sehr geschätzt hat. In den „Frankfurter gelehrten Anzeigen" nennt er ihn einmal den „gelehrten Theologen und Weltverkündiger" und ein ander Mal – bei Besprechung von Lavaters „Aussichten in die Ewigkeit" - schreibt er in geradezu ekstatischer Stimmung: „Nun erhebe sich seine (Lavaters) Seele und schaue auf diesen Gedankenvorrat wie auf irdische Güter, fühle tiefer das Geisterall und nur in andern sein Ich. Dazu wünschen wir ihm einige Gemeinschaft mit dem gewürdigten Seher unserer Zeiten, rings um den die Freude des Himmels war, zu dem Geister durch alle Sinne und Glieder sprachen, in dessen Busen die Engel wohnten; dessen Herrlichkeit umleuchte ihn, wenn's möglich ist, durchglühe ihn, daß er einmal Seligkeit fühle und ahne, was sei das Lallen der Propheten, wenn arreta rhemata den Geist füllen!" Des weiteren hat schon Erich Schmidt („Goethes Faust in ursprünglicher Gestalt", Weimar 1894) gezeigt, daß Swedenborg jener Weise ist, von dem es im Faust heißt:

> Jetzt erst erkenn' ich, was der Weise spricht:
> Die Geisterwelt ist nicht verschlossen.

Goethes Beziehungen zu Swedenborg sind von M. Morris im VI. Bd. des „Euphorion" ausführlich bereits besprochen worden. Der Einfluß, den der Seher auf den Dichter gehabt, offenbart sich vor allen Dingen in den Geisterszenen des „Urfaust" und im Schlusse des zweiten Teiles des „Faust". Morris, der diesen Einfluß an vielen Einzelheiten nachweist, nimmt jedoch aus den Worten: „Welch ein Schauspiel! Aber, ach, ein Schauspiel nur!" Veranlassung, zu sagen, daß Goethe also in dem Geisteruniversum ein grandioses Bild des Zusammenhanges aller Kräfte und Erscheinungen im Weltall, aber eben nur ein Bild gesehen habe; es sei Poesie, nicht Erkenntnis. Hierzu ist zu bemerken, daß Poesie in **diesem** Sinne bei Goethe überhaupt kaum vorkommt und daß jene Worte richtiger doch wohl auf das „Ganze" bezogen werden, das „nur für einen Gott gemacht ist", während es für den Menschen nur ein Schauspiel, d.h. eine Sache der Betrachtung ist. Morris muß jedoch einräumen, daß Goethe Swedenborgs Anschauungen nicht nur für den „Faust" sorgsam ausgenützt hat, sondern daß es sich überhaupt um eine durch den nordischen Seher genährte, „ganz ungewöhnlich starke Neigung, die Welt mit Geistern zu bevölkern", handelt. Den von Morris für diese Tatsache angeführten 16 Belegen füge ich nicht weniger als 38 hinzu, so daß – abgesehen vom „Faust", in dem ja immerhin manches symbolisch aufgefaßt werden muß – die folgende stattliche Reihe zu verzeichnen ist:

SEIN GLAUBE AN GEISTER

An Herder schrieb Goethe (Ende 1771): „Der himmlische Grimm der rächenden Geister säuselt um mich herum." – An Friedrich Jacobi (Aug. 1774): „Oft wohne ich mit Jappachs Geist." – An Auguste Stolberg: (Juli 1775): „Der gute Geist, der um uns alle schwebt, wird ihm gelinden Balsam in die Seele gießen." – An dieselbe (Aug. 1775): „Ich hab' Ihnen beschrieben, wie's um mich herum aussieht, um die Geister durch sinnlichen Blick zu vertreiben." – An Frau von Stein (Aug. 1776) : „Es ist wie in der Geisterwelt." An Einsiedel (September 1778): „Sage der Herzogin, wenn sie einen dieser Abende wollte das niedrige Tal mit ihrer Gegenwart beglükken, würden die Geister desselben sie aus allen Büschen heraus tubend bewillkommnen." – An Frau von Stein (Nov. 1779): „Einzelne Nebel stiegen aus den Felsritzen aufwärts, als wenn die Morgenluft junge Geister aufweckte." – An dieselbe (Okt. 1781): „Durch seine (Grimms) Augen wie ein schwedenborgischer Geist will ich ein großes Stück Land sehen." – An Carl August (Jan. 1781): „Die guten Geister begleiten Sie." – An Frau Rath (Okt. 1781): „Wenn man nach Art Schwedenborgischer Geister durch fremde Augen sehen will, tut man am besten, wenn man Kinderaugen dazu wählt." – An Lavater (Nov. 1781): „Ich bin geneigter als jemand, noch an eine Welt außer der sichtbaren zu glauben, und ich habe Dichtungs- und Lebenskraft genug, sogar mein eigenes beschränktes Selbst zu einem Schwedenborgschen Geisteruniversum erweitert zu fühlen." – An Wolf (November 1806): „Warum kann ich nicht sogleich, da ich Ihren lieben Brief erhalte, mich wie jene Schwedenborgischen Geister, die sich manchmal die Erlaubnis ausbaten, in die Sinneswerkzeuge ihres Meisters hineinzusteigen und durch deren Vermittelung die Welt zu sehen, mich auf kurze Zeit in ihr Wesen versenken und demselben die beruhigenden Ansichten und Gefühle mitteilen, die mir die Betrachtung ihrer Natur einflößt."*)

Mit Riemer (Dez. 1807): „Seitdem man die dunkeln Empfindungen und Ahnungen des unendlichen Zusammenhangs der Geister und Körperwelt (Mystik) allgemeiner und öffentlich auszusprechen anfängt, ist keiner, der nicht das in Worten bestritte, was er in Empfindung und Ahnung gelebt und geleistet hat." An Gräfin O. D'onell (April 1813): „Alle guten Geister mit Ihnen!" In einem Briefe an Carl August (Dez. 1817) ist die Rede von einem „Talisman gegen die bösen Geister". – An Schlosser (April 1818): „Wäre Ihnen nicht

---

*) Das Sehen durch fremde Augen kommt auch am Schluße des „Faust" (II) vor, wo der Pater Seraphicus zu den seligen Knaben sagt:

Steigt herab in meiner Augen
Welt- und erdgemäß Organ!
Könnt sie als die euern brauchen;
Schaut euch diese Gegend an!

NB: Goethe schreibt stets **Schwedenborg** statt Swedenborg.

gleich bei der Geburt die entschiedenste Geschäftstätigkeit und Festigkeit von guten Geistern beigelegt worden,..." In der Abhandlung: „Zwo wichtige biblische Fragen": „... er redete die Sprache der Geister." In der „Geschichte der Farbenlehre": „Plato verhält sich zur Welt, wie ein seliger Geist, dem es beliebt, einige Zeit auf ihr zu herbergen." – Im „Werther": „Ich weiß nicht, ob so täuschende Geister um diese Gegend schweben"; „... und wie um die Brunnen und Quellen wohltätige Geister schweben"; „Mir ist es, wie es einem Geiste sein müßte, der in das ausgebrannte, zerstörte Schloß zurückkehrte, das er als blühender Fürst einst gebaut." In „Hermann und Dorothea": „Guten Menschen, fürwahr, spricht oft ein himmlischer Geist zu." In den „Wahlverwandtschaften": „O, wie hätte er gewünscht, als ein Geist durch die Spalten zu schlüpfen!" In „Lila": „Sie hält alle ihre Freunde und Liebsten für Schattenbilder und von den Geistern untergeschobene Gestalten"; „Sterntal wird nur von feindseligen Geistern gefangen gehalten"; „Gütige Geister umgeben dich und möchten dir beistehen"; „O, diese gefährliche List kenne ich, wenn uns falsche Geister mit Gestalten der Liebe locken." In „Scherz, List und Rache": „Ich will im alten Nest wie sieben böse Geister hausen." Im „Götz": „Bösen Geistern ist Macht über uns gegeben, daß sie ihren höllischen Mutwillen an unserm Verderben üben." Im „Egmont": „Wie von unsichtbaren Geistern gepeitscht, gehen die Sonnenpferde der Zeit mit unsers Schicksals leichtem Wagen durch", mit welchen Worten auch die Selbstbiographie „Aus meinem Leben" schließt; „Ich sehe Geister vor mir, die still und sinnend auf schwarzen Schalen das Geschick der Fürsten und vieler Tausende wägen"; „Egmont! trug dich dein Pferd so leicht herein, und scheute vor dem Blutgeruche nicht, und vor dem Geiste mit dem blanken Schwert, der an der Pforte dich empfängt?" – In „Stella": „Bist du ein böser Geist, in Gestalt meines Weibes?" In „Die Geschwister": „Du siehst Geister." In „Tasso": „Er scheint uns zuzusehn, und Geister mögen an unsrer Stelle seltsam ihm erscheinen"; „Ich freue mich, wenn du mit Geistern redest, daß du so menschlich sprichst." In „Die natürliche Tochter": „O! hätte damals ein wohltätiger Geist vor meiner Türe dich vorbeigewiesen"; „In meinen Armen ließ ein guter Geist sie von den Toten wieder auferstehen"; „Du aber fliehe, die ein guter Geist verbannend segnete!" Im Vorspiel: „Was wir bringen": „Laß doch sehen, ob die bösen Geister das Haus einwerfen können, das die guten so lange erhalten haben." In der Zueignung zum „Faust" ist dem Sehnen nach „jenem stillen, ernsten Geisterreich" Ausdruck gegeben. Ferner ist von Geistern die Rede in den Gedichten „Der Zauberlehrling", „Wanderer und Pächterin", „Geistesgruß", „Nachts, wann gute Geister schweifen", „Mahomets Gesang", „Gesang der Geister über den Wassern", „Symbolum" *), „Eins und Alles" und „Walther von Goethes Wiegenlied": Des weiteren heißt es in den „Geheimnissen": „Er sagt, woher er sei, von welcher Ferne ihn die Befehle höherer Wesen senden"; und in „Über Naturwissenschaft, Nachträgliches": „Die zweite Gunst der von oben wirkenden Wesen ist..." Von „höheren Wesen", denen wir oben schon einmal begegneten, ist ferner die Rede im Gedichte „Das Göttliche". Endlich darf wohl auch in Anbetracht der Bestimmtheit des Ausdruckes das zu Eckermann (Dez. 1829) Gesagte erwähnt werden: „Euphorion ist den Gespenstern ähnlich, die überall gegenwärtig sein und zu jeder Stunde hervortreten können."

UNTER DEM EINFLUSS VON DÄMONEN

Ein so beständiges, das ganze Leben hindurch und bei den verschiedensten Anlässen gepflogenes Operieren mit Geistern ist denn doch etwas mehr als ein (Goethe überhaupt ferne liegendes) Spiel der dichterischen Phantasie; es beweist ganz einfach, daß der Dichter von der Existenz eines Geisterreiches wirklich überzeugt war.

*) Bei der Erwähnung dieses zum Zyklus „Loge" gehörenden Gedichtes fällt mir ein, daß ich von einem im Okkultismus wohlbewanderten Freimaurer darauf aufmerksam gemacht wurde, daß Goethe im Gegensatz zu den meisten heutigen Maurern mit den mystischen Grundlagen des Maurertums sicherlich vertraut war.

Verstärkt wird dieser Beweis dadurch, daß Goethe, namentlich in späteren Jahren, außerordentlich viel auch mit Dämonen gearbeitet hat, die keineswegs symbolisch zu verstehen sind. So schreibt er an A. v. Humboldt (1821): „Da ich von den Dämonen öfters hin und wieder geführt werde." – An Zelter (Juli 1816): „Was der Mensch denkt, wird anders gelenkt, es sei nun, daß sich die obern oder untern Dämonen dareinmischen." Ein im Juli 1828 an Zelter geschriebener Brief schließt mit den Worten: „Allen wohlwollenden Dämonen bestens empfohlen." Ganz ähnlich lautet der Schluß eines Briefes vom Juli 1829: „Und somit allen guten Dämonen empfohlen." Von wohlwollenden Dämonen ist auch in einem Briefe vom März 1830 die Rede. Endlich heißt es in einem Briefe vom Februar 1831: „Es ist sehr artig, daß uns dergleichen (Auslassungen und Fehlstellen in Manuskripten) noch zu berichtigen erlaubt ist; ich erkenne aber auch diese Gunst der Dämonen und respektiere die Winke dieser unerklärlichen Wesen." – Zu Eckermann (März 1828): es täte uns not, daß der Dämon uns täglich am Gängelbande führte und uns sagte und triebe, was immer zu tun sei. Aber der gute Geist verläßt uns, wir sind schlapp und tappen im Dunkeln." Am selben Tage: „Jedem außerordentlichen Menschen stellen die Dämonen ein Bein nach dem andern, bis er zuletzt unterliegt." Im Okt. 1828: „Die Welt soll nicht so rasch zum Ziele als wir denken und wünschen. Immer sind die retardierenden Dämonen da, die überall dazwischen und überall entgegentreten." Im März 1829: „Je höher ein Mensch, desto mehr steht er unter dem Einfluß der Dämonen, und er muß nun immer aufpassen, daß sein leitender Wille nicht auf Abwege gerate." Im Dezember 1829: „Ich kann mich des Gedankens nicht erwehren, daß die Dämonen, um die Menschheit zu necken und zum besten zu haben, mitunter einzelne Figuren hinstellen, die so anlockend sind, daß jeder nach ihnen strebt, und so groß, daß niemand sie erreicht." Als Beispiele für solche „Figuren" sind im Verlauf des Gespräches Raffael, Mozart und Shakespeare genannt. Um dieselbe Zeit fiel die Bemerkung, daß der Homunculus den Dämonen beizuzählen sei. – In den „Elegien" (IV): „Fromm sind wir Liebende, still verehren wir alle Dämonen." – In den „Maximen und Reflexionen": „Am Ende des Lebens gehen beim gefaßten Geiste Gedanken auf, bisher undenkbare; sie sind wie selige Dämonen; die sich auf den Gipfeln der Vergangenheit glänzend niederlassen." – In „Rinaldo": „Sie blickt und handelt gleichwie Dämonen." – In „Pandora" ist wiederholt von Dämonen die Rede, und in „Des Epimenides Erwachen" wimmelt es von diesen mystischen Wesen.

Vom Glauben an die Existenz eines Geisterreiches zum Glauben an die Möglichkeit einer Einwirkung der jenseitigen Welt auf die irdische ist kein großer Schritt; Goethe wenigstens hat ihn getan.

Zunächst ist es neben dem bisherigen bezeichnend, daß der Altmeister Walter Scotts „Briefe über Geisterscheinungen und Hexerei", die er eben gelesen hatte, als der Kanzler Friedrich von Müller ihn (am 5. Jan. 1831) besuchte, sehr lobte. Und es ist durchaus nicht anzunehmen, daß ihm an diesen Briefen **nur** die skeptischen und rationalistischen Bemerkungen gefallen hätten, die W. Scott zu manchen Phänomenen macht, obschon er in der Einleitung sich zum prinzipiellen Glauben an Geister und an ihre Einwirkung bekennt.

BESESSENHEIT UND DAS WIEDERERSCHEINEN ABGESCHIEDENER

Der Glaube an die Möglichkeit der Besessenheit spricht aus einer Stelle des „Götz". Im letzten Akt sagt nämlich Marie zu Weislingen: „Deine Seele ist bis in ihre innersten Tiefen von feindlichen Mächten besessen." Ich gebe zu, daß diese Stelle, wenn Goethe sonst keinerlei okkultistische Äußerungen getan hätte, anfechtbar wäre; unter den obwaltenden Umständen ist sie es aber nicht.

Kurz vorher gibt der Dichter im gleichen Schauspiel zu verstehen, daß ihm auch das Phänomen der Anmeldung Sterbender, wenn schon vielleicht nicht aus eigener Erfahrung, bekannt war; denn „das Erfinden aus der Luft" war nie seine Sache. Im 5. Akt ruft nämlich Weislingen beim Auftreten Marias aus: „Jesus Marie! – Laß mir Ruh! Laß mir Ruh! – Die Gestalt fehlte noch! Sie stirbt, Marie stirbt, und zeigt sich mir an. – Verlaß mich, seliger Geist! ich bin elend genug."

Das Wiedererscheinen Abgeschiedener berührt Goethe – außer im „Faust", wo es sich freilich meist um Symbolik handelt – zweimal. Das eine Mal im „Elpenor", wo Ewadne (allerdings dem Glauben ihrer Zeit entsprechend) sagt: „Wie Larven aus der Unterwelt vor andern dem Einsamen erscheinen..." Das andere Mal in der „Braut von Korinth". Wie wir bereits erfahren, gehört diese Ballade zu jenen Gedichten, deren Idee der Dichter 40 bis 50 Jahre als „schönsten Besitz" im Kopf herumgetragen, was doch nur unter der Voraussetzung möglich ist, daß ihm die Überzeugung von der Möglichkeit des Vorganges nicht ganz ferne gelegen.*)

SPUKHAFTE ERSCHEINUNGEN

Spukhafte Erscheinungen anderer Art sind von Goethe ziemlich häufig angedeutet oder geschildert worden. Vor allem ist darauf hinzuweisen, daß er den „aufgeklärten" Nicolai, das Urbild des plattnüchternen Famulus Wagner, verspottet, wenn er ihn in der Walpurgisnacht als Proktophantasmist sagen läßt:

Ihr seid noch immer da! Nein, das ist unerhört.
Verschwindet doch! wir haben ja aufgeklärt!
Das Teufelspack, es fragt nach keiner Regel:
Wir sind so klug, und dennoch spukt's in Tegel.**)
Wie lange hab' ich nicht am Wahn hinausgekehrt!
Und nie wird's rein: das ist doch unerhört!

---

*) Aus welchen Quellen Goethe diese Geschichte, an welche im Altertum fest geglaubt wurde, geschöpft haben dürfte, hat E. Schmidt im Goethe-Jahrbuch (IX, 229) nachgewiesen.

**) Der Spuk, auf den hier angespielt ist, soll sich auf Humboldts, in Tegel gelegenem

In den „Geheimnissen", die überhaupt mancherlei Mystisches enthalten, ist ein „seltsamer Schall" also beschrieben:

Und wie er horcht, so wird in gleichen Zeiten
Dreimal ein Schlag auf hohles Erz erneut,
Nicht Schlag der Uhr und auch nicht Glockenläuten,
Ein Flötenton mischt sich von Zeit zu Zeit;
Der Schall, der seltsam ist und schwer zu deuten,
Bewegt sich so, daß er das Herz erfreut.

Ein anderer, dem Gehöre wahrnehmbarer Spuk, wird im 1. Kap. des dritten Buches der „Wanderjahre" mit den Worten geschildert: „Dies alles gab ihm ein inniges Behagen zur nächtlichen Ruhe, als er durch den wunderlichsten Laut beinahe erschreckt wäre. Es klang aus der Ferne her, und doch schien es im Hause selbst zu sein; denn das Haus zitterte manchmal, und die Balken dröhnten, wenn der Ton zu seiner größten Kraft stieg. Wilhelm, der sonst ein zartes Ohr hatte, alle Töne zu unterscheiden, konnte doch sich für nichts bestimmen; er verglich es dem Schnarren einer großen Orgelpfeife, die

---

Landgut ereignet haben. Schiller schreibt mit Bezug hierauf (am 17. Sept. 1800) an Goethe: „Körner schreibt mir vor einigen Tagen, mit großem Verwundern, daß eine Nachricht da sei, die Humboldte geben sich mit Geisterseherei ab. Eine gewisse Neigung hatte Humboldt wirklich nach dieser Seite gehabt, und es ist möglich, daß Paris dazu geholfen, sie zu entwickeln. Alexander soll den Geist seiner Mutter nicht loswerden können." - Tatsache ist, daß (wie das Berliner Tageblatt vom 17. Nov. 1906 berichtete) gelegentlich der Niederreißung des Tegeler Spukhauses bei den Ausschachtungsarbeiten das Skelett eines erwachsenen Menschen gefunden wurde, das, nach seiner Beschaffenheit zu schließen, mindestens 100 Jahre in der Erde gelegen haben mußte. Vermutlich handelt es sich um ein Verbrechen, dessen Opfer auf diese Weise beseitigt wurde. Es würde dann ein ähnlicher Fall vorliegen, wie im Spukhaus zu Hydesville im Staate New York, das zur Entstehung des modernen Spiritismus Anlaß gab.

vor lauter Umfang keinen entschiedenen Ton von sich gibt. Ob dieses Nachtschrecken gegen Morgen nachließ, oder ob Wilhelm, nach und nach daran gewöhnt, nicht mehr dafür empfindlich war, ist schwer auszumitteln; genug, er schlief ein und ward von der aufgehenden Sonne anmutig erweckt."

Auch in den „Lehrjahren" ist von einer spukhaften Erscheinung die Rede. Der frühere Klosterbruder Augustin, wie der nachmalige Harfner hieß, ward von seiner Geliebten getrennt und in das Kloster zurückgebracht. Nach heftigen Stürmen, die sein Seelenleben zu bestehen hatte, war er „in einen seltsamen Zustand der Ruhe des Geistes und der Unruhe des Körpers geraten... Außer dieser Sonderbarkeit, daß er unermüdet im Kloster hin und her ging, sprach er auch von einer Erscheinung, die ihn gewöhnlich ängstigte: er behauptete nämlich, daß bei seinem Erwachen, zu jeder Stunde der Nacht, ein schöner Knabe unten an seinem Bette stehe und ihm mit einem blanken Messer drohe. Man versetzte ihn in ein anderes Zimmer; allein er behauptete, auch da, und zuletzt sogar an anderen Stellen des Klosters, stehe der Knabe im Hinterhalt." Mag es sich hier immerhin nur um das rein subjektive Erlebnis eines Gemütskranken handeln, so dünkt mich die Art dieses Erlebnisses doch bezeichnend genug, um bei meiner Zusammenstellung von Goethes Beziehungen zum Okkultismus erwähnt zu werden.

Im Singspiel „Die Fischerin" sagt der Vater zu Niklas: „Ich habe doch manchmal auch wundersame Geschichten gehört, und oft geschieht einem auch so was, wo es nicht just ist. Bist du niemals getickt worden?... Ich rede nicht gern davon."

Spukhaftes findet sich ferner in mehreren Balladen, was zum mindesten beweist, daß Goethe sich zur geheimnisvollen Volkssage hingezogen gefühlt hat. Es ist indessen nicht ausgeschlossen, daß er in dem einen oder andern Falle „durch eine bedeutende Gelegenheit aufgeregt" worden sein mag.

DER VERSCHMÄHTE LIEBHABER ALS POLTERGEIST

Endlich sind zwei Spukgeschichten in die „Unterhaltungen deutscher Ausgewanderten“ (1795) eingeflochten. Nachdem das Gespräch „auf die entschiedene Neigung unserer Natur, das Wunderbare zu glauben,“ gekommen war, macht der Erzähler der ersten Geschichte, ein alter Geistlicher, die sehr beachtenswerte einleitende Bemerkung, es sei keineswegs ausgemacht, daß geistige Naturen nicht sollten auf Elemente und Körper wirken können, und man müsse nicht jede wunderbare Begebenheit entweder für Lüge oder Trug erklären.

Bei der ersten Geschichte, welche der Geistliche zum Teil miterlebt hat, handelt es sich um geheimnisvolle Geräusche, von welchem die Sängerin Antonelli (Pseudonym für Clarion) nach dem Tode eines verschmähten Liebhabers verfolgt wurde. Dieser soll kurz vor seinem Tode verzweifelnd ausgerufen haben: „Es soll ihr nichts helfen! Sie vermeidet mich; aber auch nach meinem Tode soll sie keine Ruhe vor mir haben.“ Am Abend des Todestages war der Geistliche, mit anderen Freunden, unter denen sich auch der die Clairon eifersüchtig liebende Markese v. S. befand, bei der Sängerin zum Essen eingeladen. Der auf dem Sterbebette liegende Liebhaber ließ die Clairon an diesem Abend dreimal durch einen Bedienten bitten, zu ihm zu kommen, auf daß er sie vor dem Tode noch einmal sehe. Die Sängerin vertraute ihre Angelegenheit dem Geistlichen an, der über den weiteren Verlauf der Geschichte also berichtet:

„Ich riet ihr und bat sie, dem Freunde den letzten Liebesdienst zu erzeigen; sie schien unentschlossen, aber nach einigem Nachdenken nahm sie sich zusammen; sie schickte den Bedienten mit einer abschlägigen Antwort weg, und er kam nicht wieder.

Wir saßen nach Tische in einem vertrauten Gespräch und waren alle heiter und guten Muts. Es war gegen Mitternacht, als sich auf einmal eine klägliche, durchdringende, ängstliche und lange nachtönende Stimme hören ließ. Wir fuhren zusammen, sahen einander an und sahen uns um, was aus diesem Abenteuer werden sollte. Die Stimme schien an den Wänden zu verklingen, wie sie aus der Mitte des Zimmers hervorgedrungen war. Der Markese stand auf und sprang ans Fenster, und wir andern bemühten uns um die Schöne, welche ohnmächtig da lag. Sie kam erst langsam zu sich selbst. Der eifersüchtige und heftige Italiener sah kaum ihre wieder aufgeschlagenen Augen, als er ihr bittere Vorwürfe machte.

Wenn Sie mit Ihren Freunden Zeichen verabreden, sagte er, so lassen Sie doch solche weniger auffallend und heftig sein.

Sie antwortete ihm mit ihrer gewöhnlichen Gegenwart des Geistes, daß, da sie jedermann und zu jeder Zeit bei sich zu sehen das Recht habe, sie wohl schwerlich solche traurige und schreckliche Töne zur Vorbereitung angenehmer Stunden wählen würde.

Und gewiß, der Ton hatte etwas unglaublich Schreckhaftes. Seine langen nachdröhnenden Schwingungen waren uns allen in den Ohren, ja in den Gliedern geblieben. Sie war blaß, entstellt und immer der Ohnmacht nahe; wir mußten die halbe Nacht bei ihr bleiben. Es ließ sich nichts weiter hören. Die andere Nacht dieselbe Gesellschaft, nicht so heiter als Tags vorher, aber doch gefaßt genug, und – um dieselbe Zeit derselbe gewaltsame, fürchterliche Ton.

Wir hatten indessen über die Art des Schreies, und wo er herkommen möchte, unzählige Urteile gefällt und unsere Vermutungen erschöpft. Was soll ich weitläufig sein? So oft sie zu Hause aß, ließ er sich um dieselbe Zeit vernehmen, und zwar, wie man bemerken wollte, manchmal stärker, manchmal schwächer. Ganz Neapel sprach von diesem Vorfall. Alle Leute des Hauses, alle Freunde und Bekannte nahmen den lebhaftesten Teil daran, ja die Polizei ward aufgerufen. Man stellte Spione und Beobachter aus: denen auf der Gasse schien der Klang aus der freien Luft zu entspringen, und in dem Zimmer hörte man ihn gleichfalls in unmittelbarer Nähe. So oft sie auswärts aß, vernahm man nichts; so oft sie zu Hause war, ließ sich der Ton hören.

Aber auch außer dem Hause blieb sie nicht ganz von diesem bösen Begleiter verschont. Ihre Anmut hatte ihr den Zutritt in die ersten

Häuser geöffnet: sie war als eine gute Gesellschafterin überall willkommen, und sie hatte sich, um dem bösen Gaste zu entgehen, angewöhnt, die Abende außer dem Hause zu sein. Ein Mann, durch sein Alter und seine Stelle ehrwürdig, führte sie eines Abends in seinem Wagen nach Hause. Als sie vor ihrer Türe von ihm Abschied nimmt, entsteht der Klang zwischen ihnen beiden, und man hebt diesen Mann, der so gut wie tausend andere die Geschichte wußte, mehr tot als lebendig in seinen Wagen.

Ein andermal fährt ein junger Tenor, den sie wohl leiden konnte, mit ihr abends durch die Stadt, eine Freundin zu besuchen. Er hatte von diesem seltsamen Phänomen reden hören und zweifelte, als ein munterer Knabe, an einem solchen Wunder. Sie sprachen von der Begebenheit. Ich wünschte doch auch, sagte er, die Stimmne Ihres unsichtbaren Begleiters zu hören; rufen Sie ihn doch auf! wir sind ja zu zweien, und werden uns nicht fürchten. Leichtsinn oder Kühnheit, ich weiß nicht, was sie vermochte, genug, sie ruft dem Geiste, und in dem Augenblicke entsteht mitten im Wagen der schmetternde Ton, läßt sich dreimal schnell hintereinander gewaltsam hören und verschwindet mit einem bänglichen Nachklang. Vor dem Hause ihrer Freundin fand man beide ohnmächtig im Wagen; nur mit Mühe brachte man sie wieder zu sich und vernahm, was ihnen begegnet sei.

Die Schöne brauchte einige Zeit, sich zu erholen. Dieser immer erneuerte Schrecken griff ihre Gesundheit an, und das klingende Gespenst schien ihr einige Frist zu verstatten, ja sie hoffte sogar, weil es sich lange nicht wieder hören ließ, endlich völlig davon befreit zu sein. Allein diese Hoffnung war zu frühzeitig.

Nach geendigtem Karneval unternahm sie mit einer Freundin und einem Kammermädchen eine kleine Lustreise. Sie wollte einen Besuch auf dem Lande machen; es war Nacht, ehe sie ihren Weg vollenden konnten, und da noch am Fuhrwerke etwas zerbrach, mußten sie in einem schlechten Wirtshause übernachten und sich so gut als möglich einrichten.

Schon hatte die Freundin sich niedergelegt und das Kammermädchen, nachdem sie das Nachtlicht angezündet hatte, wollte eben zu ihrer Gebieterin ins andere Bette steigen, als diese scherzend zu ihr sagte: Wir sind hier am Ende der Welt und das Wetter ist abscheulich: sollte er uns wohl hier finden können? Im Augenblick ließ er sich hören, stärker und fürchterlicher als jemals. Die Freundin glaubte nicht anders, als die Hölle sei im Zimmer, sprang aus dem Bette, lief, wie sie war, die Treppe hinunter und rief das ganze Haus zusammen. Niemand tat diese Nacht ein Auge zu. Allein, es war auch das letzte Mal, daß sich der Ton hören ließ. Doch hatte leider der ungebetene Gast bald eine andere, lästigere Weise, seine Gegenwart anzuzeigen.

Einige Zeit hatte er Ruhe gehalten, als auf einmal abends zur gewöhnlichen Stunde, da sie mit ihrer Gesellschaft zu Tische saß, ein Schuß wie aus einer Flinte oder stark geladenen Pistole zum Fenster herein fiel. Alle hörten den Knall, alle sahen das Feuer, aber bei näherer Untersuchung fand man die Scheibe ohne die mindeste Verletzung. Desungeachtet nahm die Gesellschaft den Vorfall sehr ernsthaft, und alle glaubten, daß man der Schönen nach dem Leben trachte. Man eilt nach der Polizei; man untersucht die benachbarten Häuser, und da man nichts Verdächtiges findet, stellt man darin den andern Tag Schildwachen von oben bis unten; man durchsucht genau das Haus, worin sie wohnt, man verteilt Spione auf der Straße.

Alle diese Vorsicht war vergebens. Drei Monate hintereinander fiel in demselbigen Augenblicke der Schuß durch dieselbe Fensterscheibe, ohne das Glas zu verletzen, und was merkwürdig war, immer eine Stunde vor Mitternacht, da doch gewöhnlich in Neapel nach der italienischen Uhr gezählt wird und Mitternacht daselbst eigentlich keine Epoche macht.

Man gewöhnte sich endlich an diese Erscheinung wie an die vorige und rechnete dem Geiste seine unschädliche Tücke nicht hoch an. Der Schuß fiel manchmal, ohne die Gesellschaft zu erschrecken oder sie in ihrem Gespräch zu unterbrechen.

Eines Abends nach einem sehr warmen Tage öffnete die Schöne, ohne an die Stunde zu denken, das bewußte Zimmer und trat mit dem Markese auf den Balkon. Kaum standen sie einige Minuten draußen, als der Schuß zwischen ihnen beiden durch fiel und sie mit Gewalt rückwärts in das Zimmer schleuderte, wo sie ohnmächtig auf den Boden taumelten. Als sie sich wieder erholt hatten, fühlte er auf der linken, sie aber auf der rechten Wange den Schmerz einer tüchtigen Ohrfeige, und da man sich weiter nicht verletzt fand, gab der Vorfall zu mancherlei scherzhaften Bemerkungen Anlaß.

Von der Zeit an ließ sich dieser Schall im Hause nicht wieder hören, und sie glaubte nun, endlich ganz von ihrem unsichtbaren Verfolger befreit zu sein, als auf einem Wege, den sie des Abends mit einer Freundin machte, ein unvermutetes Abenteuer sie nochmals auf das Gewaltsamste erschreckte. Ihr Weg ging durch die Chiaja, wo ehemals der geliebte genuesische Freund gewohnt hatte. Es war heller Mondschein. Ein Dame, die bei ihr saß, fragte: Ist das nicht das Haus, in welchem der Herr gestorben ist? Es ist eins von diesen beiden, so viel ich weiß, sagte die Schöne, und in dem Augenblicke fiel aus einem dieser Häuser der Schuß und drang durch den Wagen durch. Der Kutscher glaubte angegriffen zu sein und fuhr mit aller möglichen Geschwindigkeit fort. An dem Orte ihrer Bestimmung hob man die beiden Frauen für tot aus dem Wagen.

Aber dieser Schrecken war auch der letzte. Der unsichtbare Begleiter änderte seine Methode, und nach einigen Abenden erklang vor ihren Fenstern ein lautes Händeklatschen. Sie war als beliebte Sängerin und Schauspielerin diesen Schall schon mehr gewohnt; er hatte an sich nichts Schreckliches, und man konnte ihn eher einem ihrer Bewunderer zuschreiben. Sie gab wenig darauf acht; ihre Freunde waren aufmerksamer und stellten, wie das vorige Mal, Posten aus: Sie hörten den Schall, sahen aber vor wie nach niemand, und die meisten hofften nun bald auf ein völliges Ende dieser Erscheinungen.

Nach einiger Zeit verlor sich auch dieser Klang und verwandelte sich in angenehmere Töne. Sie waren zwar nicht eigentlich melodisch, aber unglaublich angenehm und lieblich: sie schienen den genauesten Beobachtern von der Ecke einer Querstraße herzukommen, im leeren Luftraume bis unter das Fenster hinzuschweben und dann dort auf das sanfteste zu verklingen; es war, als wenn ein himmlischer Geist durch ein schönes Präludium aufmerksam auf eine Melodie machen wollte, die er eben vorzutragen im Begriff sei. Auch dieser Ton verschwand endlich und ließ sich nicht mehr hören, nachdem die ganze wunderbare Geschichte etwa anderthalb Jahre gedauert hatte."

DER KLOPFGEIST EINES MÄDCHENS

Nach einigen belanglosen Meinungsäußerungen der ausgewanderten Gesellschaft erzählt ein anderes ihrer Mitglieder die folgende Geschichte.

„Bei einem wackeren Edelmann, meinem Freunde, der ein altes Schloß mit einer starken Familie bewohnte, war eine Waise erzogen worden, die, als sie herangewachsen und vierzehn Jahre alt war, meist um die Dame vom Hause sich beschäftigte und die nächsten Dienste ihrer Person verrichtete. Man war mit ihr wohl zufrieden, und sie schien nichts weiter zu wünschen, als durch Aufmerksamkeit und Treue ihren Wohltätern dankbar zu sein. Man glaubte nicht, daß eine dieser Verbindungen zu ihrem Glück gereichen würde, und sie zeigte auch nicht das mindeste Verlangen, ihren Zustand zu ändern.

Auf einmal begab sich's, daß man, wenn das Mädchen in dem Hause Geschäfte halber herumlief, unter ihr hie und da pochen hörte. Anfangs schien es zufällig; aber da das Klopfen nicht aufhörte und beinahe jeden ihrer Schritte bezeichnete, ward sie ängstlich und traute sich kaum aus dem Zimmer der gnädigen Frau herauszugehen, als in welchem sie allein Ruhe hatte.

Dieses Pochen ward von jedermann vernommen, der mit ihr ging oder nicht weit von ihr stand. Anfangs scherzte man darüber; endlich aber fing die Sache an, unangenehmer zu werden. Der Herr vom

Hause, der von einem lebhaften Geist war, untersuchte nun selbst die Umstände. Man hörte das Pochen nicht eher, als bis das Mädchen ging, und nicht sowohl indem sie den Fuß aufsetzte, als indem sie ihn zum Weiterschreiten aufhob. Doch fielen die Schläge manchmal unregelmäßig, und besonders waren sie sehr stark, wenn sie quer über einen großen Saal den Weg nahm.

Der Hausherr hatte eines Tages Handwerksleute in der Nähe und ließ, da das Pochen am heftigsten war, gleich hinter ihr einige Dielen aufreißen: es fand sich nichts, außer daß bei dieser Gelegenheit ein paar große Ratten zum Vorschein kamen, deren Jagd viel Lärm im Hause verursachte.

Entrüstet über diese Begebenheit und Verwirrung, griff der Hausherr zu einem strengen Mittel, nahm seine größte Hetzpeitsche von der Wand und schwur, daß er das Mädchen bis auf den Tod prügeln wolle, wenn sie noch ein einzigesmal das Pochen hören ließe. Von der Zeit an ging sie ohne Anfechtung im ganzen Hause herum, und man vernahm von dem Pochen nichts weiter."

Nachdem jemand von der Gesellschaft bemerkt: „Woraus man denn deutlich sieht, daß das schöne Kind sein eigenes Gespenst war, und aus irgendeiner Ursache sich diesen Spaß gemacht und seine Herrschaft zum Besten gehabt hatte", versetzte der Erzähler – und damit ist wiederum dem spiritistischen Standpunkt Rechnung getragen – : „Keineswegs, denn diejenigen, welche diese Wirkung einem Geiste zuschrieben, glaubten, ein Schutzgeist wolle zwar das Mädchen aus dem Hause haben, aber ihr doch kein Leid zufügen lassen." – Mit dieser zweiten Geschichte hat also Goethe einen Klopfgeist 50 Jahre vor der Geburt des modernen Spiritismus (1848 in Amerika) zu Wort kommen lassen.

DIE ÜBERNATÜRLICHEN FÄHIGKEITEN DES BEICHTVATERS FILIPPO NERI

Obschon Goethe von der Gesetzmäßigkeit alles Naturgeschehens zweifellos überzeugt war, scheint er hin und wieder doch Anwandlungen von Wunderglauben gehabt zu haben; jedenfalls hat er darauf bezügliche Dinge mit Behagen und frommem Sinn wiedergegeben. Über dieses Thema können eine große Menge Variationen beigebracht werden.

Der geheime Zug seines Herzens verrät sich schon, wenn der Jüngling – wie im 9. Buche von „Aus meinem Leben" gesagt ist – den Wunderglauben Jung Stillings „unangetastet" läßt.

Sehr charakteristisch ist die Erzählung der Geschichten des heiligen Filippo Neri und des hl. Rochus. Aus ersterer, die in die „Italienische Reise" eingeflochten ist, sind namentlich die folgenden, allerhand okkulte Dinge berührenden Stellen heranzuziehen:

„Die größten sittlichen Wirkungen hervorzubringen, bedurfte es eines Mannes wie Filippo Neri, dessen Handlungen gar oft als Wunder anzusehen waren. Als Beichtiger machte er sich furchtbar, und daher des größten Zutrauens würdig; er entdeckte seinen Beichtkindern Sünden, die sie verschwiegen, Mängel, die sie nicht beachtet hatten... Ihn berechtigten jedoch zu einer so seltsamen Pädagogik die außerordentlichsten, zwischen den höchst geistigen und höchst körperlichen schwebend erscheinenden Naturgaben: Gefühl einer sich nahenden noch ungesehenen Person, Ahnung entfernter Begebenheiten, Bewußtsein der Gedanken eines vor ihm Stehenden, Nötigung anderer zu seinen Gedanken. Diese und dergleichen Gaben sind unter mehreren Menschen ausgeteilt, mancher kann sich derselben ein und das andere Mal rühmen; aber die ununterbrochene Gegenwart solcher Fähigkeiten, die in jedem Falle bereite Ausübung einer so staunenswürdigen Wirksamkeit, dies ist vielleicht nur in einem Jahrhundert zu denken, wo zusammengehaltene, unzersplitterte Geistes- und Körperkräfte sich mit erstaunenswürdiger Energie hervortun konnten... Bald nach seinem Verscheiden, welches von noch mehr Wundern als sein Leben begleitet war..."

DIE WUNDERHEILUNGEN DES HEILIGEN ROCHUS

Die ausführliche Geschichte des hl. Rochus wiederum findet sich nebst einer gelegentlich des Rochusfestes gehaltenen Predigt in der Beschreibung der 1814 gemachten Rheinreise. Ich beschränke mich auf die Erwähnung eines besonders rührenden Zuges dieser Legende: Nachdem der Heilige zahlreiche Pestkranke durch Berührung mit seiner rechten Hand geheilt hatte, wurde er schließlich selbst von dem schrecklichen Übel befallen, worauf er, um seinen Nebenmenschen nicht zur Last zu fallen, mit Hilfe eines Stabes allgemach in den nächsten Wald fortkroch und unter einem Ahornbaume liegen blieb. „Nun lag," erzählt Goethe wörtlich, „nicht weit davon ein Landgut, wohin sich viele Vornehme aus der Stadt geflüchtet, darunter einer namens Gotthardus, welcher viele Knechte und Jagdhunde bei sich hatte. Da ereignete sich aber der sonderbare Umstand, daß ein sonst sehr wohlgezogener Jagdhund ein Brot vom Tische wegschnappt und davonläuft. Obgleich abgestraft, ersieht er seinen Vorteil den zweiten Tag wieder und entflieht glücklich mit der Beute. Da argwohnt der Graf irgendein Geheimnis und folgt mit den Dienern. Dort finden sie denn unter dem Baume den sterbenden frommen Pilger, der sie ersucht, sich zu entfernen, ihn zu verlassen, damit sie nicht vom gleichen Übel angefallen würden. Gotthardus aber nahm sich vor, den Kranken nicht eher von sich zu lassen, als bis er genesen wäre, und versorgte ihn zum besten. Als nun Rochus wieder ein wenig zu Kräften kam, begab er sich vollends nach Florenz, heilte daselbst viele von der Pest und wurde selbst durch eine Stimme vom Himmel völlig wiederhergestellt."

DER NICHT VERFAULENDE LEICHNAM EINER VISIONÄRIN

Von wunderbaren Heilungen hat Goethe jedoch nicht nur als Nacherzähler gesprochen. So heißt es von Humanus in den „Geheimnissen":

Was er berührte, mußte gleich genesen,
Es freute sich der Kranke seiner Hand.

Humanus war es, beiläufig gesagt, mit seinem Schwerte auch einmal gelungen, „eine Quelle aus trockenem Felsen springen zu lassen."

Plötzliche Heilungen knüpfen sich auch an den Namen Sperata, der Geliebten Augustins („Wilhelm Meisters Lehrjahre"). Von der Wiedergabe der merkwürdigen Dinge, die sich vor ihrem Tode zugetragen haben sollen, sehe ich ab, da Sperata nachgerade geisteskrank geworden war. Volle Beachtung verdienen aber die nach ihrem Ableben eingetretenen Ereignisse. Durch den Einfluß eines Geistlichen ward sie beim Volke nicht für eine Verrückte, sondern für eine Entzückte gehalten. Der Ruf einer Vision, die sie gehabt haben sollte, und „das ehrwürdige Ansehen, das sie in ihrem Leben genoß, verwandelte sich nach ihrem Tode schnell in den Gedanken, daß man sie sogleich für selig, ja für heilig halten müsse. Als man sie zu Grabe bestatten wollte, drängten sich viele Menschen mit unglaublicher Heftigkeit hinzu; man wollte ihre Hand, man wollte wenigstens ihr Kleid berühren. In dieser leidenschaftlichen Erhöhung fühlten viele Kranke die Übel nicht, von denen sie sonst gequält wurden; sie hielten sich für geheilt, sie bekannten's; sie priesen Gott und seine neue Heilige. Die Geistlichkeit war genötigt, den Körper in eine Kapelle zu stellen; das Volk verlangte Gelegenheit, seine Andacht zu verrichten. Der Zudrang war unglaublich; die Bergbewohner, die ohnedies zu lebhaften religiösen Gefühlen gestimmt sind, drangen aus ihren Tälern herbei; die Andacht, die Wunder, die Anbetung vermehrten sich mit jedem Tage. Die bischöflichen Verordnungen, die einen solchen neuen Dienst einschränken und nach und nach niederschlagen sollten, konnten nicht zur Ausführung gebracht werden; bei jedem Widerstand war das Volk heftig und gegen jeden Ungläubigen bereit, in Tätlichkeiten auszubrechen. Wandelte nicht auch, riefen sie, der heilige Borromäus unter unseren Vorfahren?...

Und hat Gott nicht zugesagt, unter einem gläubigen Volke seine Wunder stets zu erneuern? – Als der Körper nach einigen Tagen kein Zeichen der Fäulnis von sich gab und eher weißer und gleichsam durchsichtig ward, erhöhte sich das Zutrauen der Menschen immer mehr, und es zeigten sich unter der Menge verschiedene Kuren, die der aufmerksame Beobachter selbst nicht erklären und auch nicht geradezu als Betrug ansprechen konnte."

Es handelt sich hier also nicht nur um scheinbare, durch leidenschaftliche Erregung und Ablenkung der Aufmerksamkeit bewirkte Heilungen, sondern auch um unerklärliche Vorgänge.

DIE VERSCHIEDENE OTTILIE VERGIBT IHRER DIENERIN

Ein zweites Mal schildert Goethe ähnliche Vorgänge am Schlusse der „Wahlverwandtschaften" folgendermaßen: „Der fortdauernd schöne, mehr schlaf- als totenähnliche Zustand Ottiliens zog mehrere Menschen herbei... Jedes Bedürfnis, dessen wirkliche Befriedigung versagt ist, nötigt zum Glauben. Die vor den Augen aller Welt zerschmetterte Ranny war durch Berührung des frommen Körpers wieder gesund geworden; warum sollte nicht auch ein ähnliches Glück hier andern bereitet werden? Zärtliche Mütter brachten zuerst heimlich ihre Kinder, die von irgendeinem Übel behaftet waren, und sie glaubten eine plötzliche Besserung zu spüren. Das Zutrauen vermehrte sich, und zuletzt war niemand so alt und so schwach, der sich nicht an dieser Stelle eine Erquickung und Erleichterung gesucht hätte. Der Zudrang wuchs, und man sah sich genötigt, die Kapelle, ja, außer den Stunden des Gottesdienstes, die Kirche zu verschließen." Vorher, als der Zug mit Ottiliens Leiche sich nach der Kapelle bewegte, ereignete sich ein noch größeres Wunder. Ottilie schien ihrer kindlichen Dienerin Ranny, die den Zug vom Oberboden eines Hauses herankommen sah, „zu winken, und diese, verworren, schwankend, taumelnd, stürzte hinab. Auseinander fuhr die Menge mit einem entsetzlichen Schrei nach allen Seiten. Vom Drängen und Getümmel waren die Träger genötigt, die Bahre niederzusetzen. Das Kind lag ganz nahe daran; es schien an allen Gliedern zerschmettert. Man hob es auf; und zufällig oder aus besonderer Fügung lehnte man es über die Leiche, ja, es schien selbst noch mit dem letzten Lebensrest seine geliebte Herrin erreichen zu wollen. Kaum aber hatten ihre schlotternden Glieder Ottiliens Gewand, ihre kraftlosen Finger Ottiliens gefaltete Hände berüht, als das Mädchen aufsprang, Arme und Augen zuerst gen Himmel erhob, dann auf die Knie vor dem Sarge niederstürzte und andächtig entzückt zu der Herrin hinaufstaunte. Endlich sprang sie wie begeistert auf und rief mit heiliger Freude: Ja, sie hat mir vergeben! Was mir kein Mensch, was ich mir selbst nicht vergeben konnte, vergibt mir Gott durch ihren Blick, ihre Gebärde, ihren Mund. Nun ruht sie wieder so still und sanft; aber ihr habt gesehen, wie sie sich aufrichtete und mit entfalteten Händen mich segnete, wie sie mich freundlich anblickte! Ihr habt es alle gehört, ihr seid Zeugen, daß sie zu mir sagte: Dir ist vergeben!"

DIE HEILKRAFT IPHIGENIES

Ein überraschender Fall einer plötzlichen Heilung findet sich weiterhin in der „Iphigenie", woselbst Orest zu seiner Schwester sagt: „Von dir berührt, war ich geheilt." Über diese Worte haben verschiedene Gelehrte in bis zu 100 Seiten umfassenden Schriften sich die Köpfe zerbrochen. So sagt z.B. Lähr („Heilung des Orest"), daß unmittelbare psychische Beeinflussung bei einem Geisteskranken in dieser Weise nicht möglich sei; der Wahnsinn des Orest sei vielleicht kein wirklicher Wahnsinn, sondern habe nur eine symbolische Bedeutung. Solche Bedenken halte ich für müßig, denn hier kommt es nicht auf die Grenzen an, welche der psychischen Beeinflussung von der modernen Wissenschaft gnädigst oder vielmehr ungnädigst gesteckt werden, sondern darauf, was Goethe für möglich gehalten. Nachdem er aber in seinem Glauben an die schwarze Magie gar keine Grenzen gekannt und erklärt hat, daß dämonische Menschen eine unglaubliche Gewalt sogar über die Elemente ausüben, hat er, der die Macht des Guten höher anschlug, als die des Bösen, sicherlich auch den Wirkungen der weißen Magie keine Grenzen gesetzt.

TÄTIGE HÖHERE WESEN SIND VERMITTELND IM SPIELE

Das Wunderbare macht sich ferner am Schluß der Novelle geltend. Hierüber wurde bei Goethe in Gegenwart mehrerer Personen (im März 1831) ein Gespräch geführt, über das Eckermann u.a. folgendes berichtet: „Von tausend Wundern umgeben, an die wir gewöhnt sind, ist uns ein einziges unbequem, das uns bis jetzt neu war. Auch fällt es dem Menschen durchaus nicht schwer, an Wunder einer früheren Zeit zu glauben, allein einem Wunder, das heute geschieht, eine Art Realität zu geben und es neben dem sichtbaren Wirklichen als eine höhere Wirklichkeit zu verehren, dieses scheint nicht mehr im Menschen zu liegen, oder, wenn es in ihm liegt, durch Erziehung ausgetrieben zu werden... Zum Schluß von Goethes Novelle wird im Grunde weiter nichts verlangt als die Empfindung, daß der Mensch von höheren Wesen nicht ganz verlassen sei, daß sie ihn vielmehr im Auge haben, an ihm teilnehmen und in der Not ihm helfend zur Seite sind. Dieser Glaube ist etwas so Natürliches, daß er zum Menschen gehört, daß er einen Bestandteil seines Wesens ausmacht und, als das Fundament aller Religion, allen Völkern angeboren ist... In Goethes Novelle ist dieses behütende Unsichtbare unter der Form des Ewigen und der Engel gedacht, die einst in der Grube des Löwen den Propheten bewahrten und hier in der Nähe eines ähnlichen Ungeheuers ein gutes Kind schützend umgeben. Der Löwe zerreißt den Knaben nicht, er zeigt sich vielmehr sanft und willig; denn die in alle Ewigkeit dort tätigen höheren Wesen sind vermittelnd im Spiele. Damit aber dieses einem ungläubigen neunzehnten Jahrhundert nicht zu wunderbar erscheine, so benutzt der

Dichter noch ein zweites mächtiges Motiv, nämlich das der Musik, deren magische Gewalt die Menschen von den ältesten Zeiten her empfunden haben, und von der wir uns noch täglich beherrschen lassen, ohne zu wissen, wie uns geschieht."

DAS ZUNGENREDEN ALS SPRACHE DER GEISTER

Über biblische Wunder hat Goethe mehrmals zustimmende Äußerungen gemacht. Auf eigenartige Weise erklärt er in seiner Abhandlung „Zwo wichtige biblische Fragen" das Zungenreden: „Die göttlichste Empfindung strömt aus der Seele in die Zunge, und flammend verkündigt sie die großen Taten Gottes in einer neuen Sprache, und das war die Sprache des Geistes. Das war jene einfache, **allgemeine** Sprache, die aufzufinden mancher große Kopf vergebens gerungen. In der Einschränkung unserer Menschlichkeit ist nicht mehr als eine Ahnung davon zu tappen... Die Fülle der heiligsten, tiefsten Empfindung drängte für einen Augenblick den Menschen zum übersinnlichen Wesen; er redete die Sprache der Geister, und aus den Tiefen der Gottheit flammte seine Zunge Leben und Licht... Mehr als Pantomime, doch unartikuliert, muß die Sprache gewesen sein."

GEISTIGE WUNDER STAMMEN AUS EINER ANDEREN REGION

Im 7. Buche seiner Lebensbeschreibung sagt er mit Bezug auf die Sakramente der katholischen Kirche: „Alle diese geistigen Wunder entsprießen nicht wie andere Früchte dem natürlichen Boden. Da können sie weder gesäet, noch gepflanzt, noch gepflegt werden. Aus einer andern Region muß man sie herüberflehen, welches nicht jedem noch zu jeder Zeit gelingen würde."

In der pädagogischen Provinz der „Wanderjahre" befinden sich Bildergalerien, von denen die erste Taten und Begebenheiten des

Alten Testaments, die zweite aber Wunder und Gleichnisse Christi darstellt. „Durch Wunder und Gleichnisse," erklärt der Begleiter Wilhelms, „wird eine neue Welt aufgetan: jene machen das Gemeine außerordentlich, diese das Außerordentliche gemein." „Ihr werdet die Gefälligkeit haben," versetzte Wilhelm, „mir diese wenigen Worte umständlicher auszulegen: denn ich fühle mich nicht geschickt, es selbst zu tun." „Sie haben einen natürlichen Sinn," versetzte jener, „obgleich einen tiefen. Beispiele werden ihn am geschwindesten ausschließen. Es ist nichts gemeiner und gewöhnlicher als Essen und Trinken; außerordentlich dagegen einen Trank zu veredeln, eine Speise zu vervielfältigen, daß sie für eine Unzahl hinreiche. Es ist nichts gewöhnlicher als Krankheit und körperliche Gebrechen; aber diese durch geistige oder geistigen ähnliche Mittel aufheben, lindern ist außerordentlich, und eben daher entsteht das Wunderbare des Wunders, daß das Gewöhnliche und Außerordentliche, das Mögliche und das Unmögliche eins werden."

ÜBER DIE AUFERSTEHUNG CHRISTI

Den Wunderglauben treibt Goethe schließlich auf die Spitze, wenn er in der Besprechung von Manzonis heiligen Hymnen die Auferstehung als „das Grundergebnis der christlichen Religion, das eigentlichste Evangelium" bezeichnet („Zur auswärtigen Litteratur 1819"). Wer aber annehmen wollte, daß Goethe damit nur die Auffassung Manzonis wiedergebe, der möge zusehen, wie er sich mit dem abfindet, was in den Noten zum mystischen Gedicht „Die Geheimnisse" steht: „Es läßt sich leicht voraussehen, daß die durch den Ostertag besiegelte ewige Dauer erhöhter menschlicher Zustände auch hier bei dem Scheiden des Humanus sich tröstlich würde offenbart haben." Diese bedeutsamen Worte haben nur dann einen Sinn, wenn Goethe sich die Auferstehung nicht etwa auf protestantisch-rationalistische Weise als einen rein geistigen Vorgang denkt, sondern wenn er dem Apostel Paulus zustimmt, der da ein für allemal gesagt hat: „Ist aber Christus nicht auferstanden, so ist unsere Predigt vergeblich." (1. Kor. 15,14.)

MAKARIE ALS VERKÖRPERUNG EINER STERNENSEELE

Endlich setzt Goethe allen seinen Äußerungen und Betrachtungen über okkulte Dinge die Krone auf mit jener hochmystischen Frauengestalt, die er in den „Wanderjahren" unter dem Namen Makarie einführt. Hier insbesondere ist er selbst dem Okkultisten unbegreiflich oder doch schwer verständlich. Denn Makarie ist nicht nur eine Seherin universellster Art, sie ist als „höheres Wesen" auch ein in menschlicher Hülle wohnendes Gestirn, das die Bewegungen seiner himmlischen Geschwister fühlt. Daß Goethe Weltmonaden (die letzten Urbestandteile der Sterne) annimmt, geht aus dem mit Falk (1813) geführten Gespräch hervor. Wie aber eine Sternseele dazu kommt, sich als Mensch zu verkörpern, ist denn doch hypermystisch.

Schon der Aufenthaltsort Makariens, sowie die Art und Weise, wie Wilhelm zur „schweigsamsten aller Frauen", zur „Göttlichen" gelangt, sind geheimnisvoll (siehe das 10. Kap. des ersten Buches). Nachdem er einen ernsthaft ansprechenden Saal betreten, kamen ihm zwei Personen entgegen, ein jüngeres Frauenzimmer und ein alter Mann. Dieser wurde von Angela, wie die durch Gestalt und Betragen einnehmende Schöne hieß, als Hausfreund im schönsten und weitesten Sinne, als Gesellschafter, Astronom und Arzt vorgestellt. Alsbald verkündete Angela die Ankunft Makariens: „Ein grüner Vorhang zog sich auf, und eine ältliche wunderwürdige Dame wird auf einem Lehnsessel von zwei jungen hübschen Mädchen hereingeschoben... Makarie sprach zu Wilhelm als einem Vertrauten; sie schien sich in geistreicher Schilderung ihrer Verwandten zu erfreuen: es war, als wenn sie die innere Natur eines jeden durch die ihn umgebende individuelle Maske durchschaute. Die Personen, welche

Wilhelm kannte, standen wie verklärt vor seiner Seele; das einsichtige Wohlwollen der unschätzbaren Frau hatte die Schale losgelöst und den gesunden Kern veredelt und belebt." Alsdann lud Makarie ihren Gesellschafter ein, eine versprochene Unterhaltung zu beginnen, worauf dieser versetzte: „Sie wissen, welche Schwierigkeit es ist, sich über diese Gegenstände zu erklären; denn es ist von nichts wenigerem als von dem Mißbrauch vortrefflicher und weitauslangender Mittel die Rede." Diese Gegenstände, zu deren Verhandlung es nach einigen Zwischenreden kam, beziehen sich auf das höchst merkwürdige Verhältnis, in welchem Makarie zu den Gestirnen steht. Und hierüber werden wir später in einem zusammenfassenden Kapitel (dem 15. des dritten Buches) einigermaßen aufgeklärt, nachdem das vorhergehende Kapitel mit einer bemerkenswerten Einleitung schließt, welche hier gleichfalls wiedergegeben werden möge:

„Wir können der Versuchung nicht widerstehen, ein Blatt aus unseren Archiven mitzuteilen, welches Makarie betrifft und die besondere Eigenschaft, die ihrem Geiste erteilt ward. Leider ist dieser Aufsatz erst lange Zeit, nachdem der Inhalt mitgeteilt worden, aus dem Gedächtnis geschrieben und nicht, wie es in einem so merkwürdigen Falle wünschenswert wäre, für ganz authentisch anzusehen. Dem sei aber, wie ihm wolle, so wird hier schon soviel mitgeteilt, um Nachdenken zu erregen und Aufmerksamkeit zu empfehlen, ob nicht irgendwo schon etwas Ähnliches oder sich Annäherndes bemerkt und verzeichnet worden.

Makarie befindet sich zu unserem Sonnensystem in einem Verhältnis, welches man auszusprechen kaum wagen darf. Im Geiste, der Seele, der Einbildungskraft hegt sie, schaut sie es nicht nur, sondern sie macht gleichsam einen Teil desselben: sie sieht sich in jenen himmlischen Kreisen mit fortgezogen, aber auf eine ganz eigene Art, sie wandelt seit ihrer Kindheit um die Sonne, und zwar, wie nun entdeckt ist, in einer Spirale, sich immer mehr vom Mittelpunkt entfernend und nach den äußeren Regionen hinkreisend.

Wenn man annehmen darf, daß die Wesen, insofern sie körperlich sind, nach dem Zentrum, insofern sie geistig sind, nach der Peripherie streben, so gehört unsere Freundin zu den geistigen; sie scheint nur geboren, um sich von dem Irdischen zu entbinden, um die nächsten und fernsten Räume des Daseins zu durchdringen. Diese Eigenschaft, so herrlich sie ist, ward ihr doch seit den frühesten Jahren als eine schwere Aufgabe verliehen. Sie erinnert sich von klein auf ihr inneres Selbst als von leuchtenden Wesen durchdrungen, von einem Licht erhellt, welchem sogar das hellste Sonnenlicht nichts anhaben konnte. Oft sah sie zwei Sonnen, eine innere nämlich und eine außen am Himmel, zwei Monde, wovon der äußere in seiner Größe bei allen Phasen sich gleich blieb, der innere sich immer mehr und mehr verminderte.

Diese Gabe zog ihren Anteil ab von gewöhnlichen Dingen, aber ihre trefflichen Eltern wendeten alles auf ihre Bildung, alle Fähigkeiten wurden an ihr lebendig, alle Tätigkeiten wirksam, dergestalt, daß sie allen äußeren Verhältnissen zu genügen wußte, und indem ihr Herz, ihr Geist ganz von überirdischen Gesichten erfüllt war, doch ihr Tun und Handeln immerfort dem Edelsten, Sittlichen gemäß blieb. Wie sie heranwuchs, überall hilfreich, unaufhaltsam in großen und kleinsten Diensten, wandelte sie wie ein Engel Gottes auf Erden, indem ihr geistiges Ganzes sich zwar um die Weltsonne, aber nach dem Überweltlichen in stetig zunehmenden Kreisen bewegte.

Die Überfülle dieses Zustandes ward einigermaßen dadurch gemildert, daß es auch in ihr zu tagen und zu nachten schien, da sie denn bei gedämpftem innerm Licht äußere Pflichten auf das treueste zu erfüllen strebte, bei frisch aufleuchtendem Innern sich der seligsten Ruhe hingab. Ja, sie will bemerkt haben, daß eine Art von Wolken sie von Zeit zu Zeit umschwebten und ihr den Anblick der himmlischen Genossen auf eine Zeitlang umdämmerten, eine Epoche, die sie stets zum Wohl und Freude ihrer Umgebungen zu benutzen wußte.

Solange sie die Anschauungen geheim hielt, gehörte viel dazu, sie zu ertragen; was sie daran offenbarte, wurde nicht anerkannt oder mißdeutet; sie ließ es daher in ihrem langen Leben nach außen als Krankheit gelten, und so spricht man in der Familie noch immer davon: zuletzt aber hat ihr das gute Glück den Mann zugeführt, den ihr bei uns seht, als Arzt, Mathematiker und Astronom gleich schätzbar, durchaus ein edler Mensch, der sich jedoch erst eigentlich aus Neugierde zu ihr heranfand. Als sie aber Vertrauen gegen ihn gewann, ihm nach und nach ihre Zustände beschrieben, das Gegenwärtige ans Vergangene angeschlossen und in die Ereignisse einen Zusammenhang gebracht hatte, ward er so von der Erscheinung eingenommen, daß er sich nicht mehr von ihr trennen konnte, sondern Tag für Tag stets in das Geheimnis einzudringen trachtete.

Im Anfange, wie er nicht undeutlich zu verstehen gab, hielt er es für Täuschung; denn sie leugnete nicht, daß von der ersten Jugend an sie sich um die Stern- und Himmelskunde fleißig bekümmert habe, daß sie darin wohl unterrichtet worden und keine Gelegenheit versäumt, sich durch Maschinen und Bücher den Weltbau immer mehr zu versinnlichen. Deshalb er sich denn nicht ausreden ließ, es sei eingelernt: die Wirkung einer im hohen Grade geregelten Einbildungskraft, der Einfluß des Gedächtnisses sei zu vermuten, eine Mitwirkung der Urteilskraft, besonders aber eines versteckten Calculs.

Er ist ein Mathematiker und also hartnäckig, ein heller Geist und also ungläubig: er wehrte sich lange, bemerkte jedoch, was sie angab, genau, suchte der Folge verschiedener Jahre beizukommen, hielt sich besonders an die neuesten, mit dem gegenwärtigen Stande der Himmelslichter übereintreffenden Angaben, und rief endlich aus: Nun, warum sollte Gott und die Natur nicht auch eine lebendige Armillarsphäre, ein geistiges Räderwerk erschaffen und einrichten, daß es, wie ja die Uhren täglich und stündlich leisten, dem Gang der Gestirne von selbst auf eigene Weise zu folgen im Stande wäre.

Hier aber wagen wir nicht weiterzugehen, denn das Unglaubliche verliert seinen Wert, wenn man es näher im einzelnen beschauen will. Doch sagen wir so viel: dasjenige, was zur Grundlage der anzustellenden Berechnungen diente, war folgendes. Ihr, der Seherin, erschien unsere Sonne in der Vision um vieles kleiner, als sie solche bei Tage erblickte; auch gab eine ungewöhnliche Stellung dieses höheren Himmelslichtes im Tierkreise Anlaß zu Folgerungen.

Dagegen entstanden Zweifel und Irrungen, weil die Schauende ein und das andere Gestirn andeutete, als gleichfalls in dem Zodiak erscheinend, von denen man aber am Himmel nichts gewahr werden konnte. Es mochten die damals noch unentdeckten kleinen Planeten sein: denn aus anderen Angaben ließ sich schließen, daß sie, längst über die Bahn des Mars hinaus, der Bahn des Jupiter sich nähere. Offenbar hatte sie eine Zeitlang diesen Planeten, es wäre schwer zu sagen, in welcher Entfernung, mit Staunen in seiner ungeheueren Herrlichkeit betrachtet und das Spiel seiner Monde um ihn her geschaut, hernach ihn aber auf die wunderseltsamste Weise als abnehmenden Mond gesehen, und zwar umgewendet, wie uns der wachsende Mond erscheint. Daraus wurde geschlossen, daß sie ihn von der Seite sehe und wirklich im Begriff sei, über dessen Bahn hinauszuschreiten und in dem unendlichen Raum dem Saturn entgegenzustreben. Dorthin folgt ihr keine Einbildungskraft; aber wir hoffen, daß eine solche Entelechie sich nicht ganz aus unserem Sonnensystem entfernen, sondern wenn sie an die Grenze desselben gelangt ist, sich wieder zurücksehnen werde, um zu Gunsten unserer Urenkel in das irdische Leben und Wohltun wieder einzuwirken.

Indem wir nun diese ätherische Dichtung, Verzeihung hoffend, hiermit schließen, wenden wir uns wieder zu jenem terrestrischem Märchen..." Daß Goethe diese unerhört mystische Geschichte keineswegs als „ätherische Dichtung" im Sinne eines reinen Phantasiegebildes aufgefaßt wissen wollte, geht zur Genüge aus der oben angeführten Einleitung hervor, in welcher es heißt, daß die Mitteilungen über Makarie gemacht werden, um „Nachdenken zu erregen und Aufmerksamkeit zu empfehlen, ob nicht irgendwo schon etwas Ähnliches oder sich Annäherndes bemerkt und verzeichnet worden."

Welch gewaltiger Unterscheid hinsichtlich der Begreiflichkeit zwischen dieser hypermystischen Makarie und den landläufigen Phänomenen des Okkultismus!

GOETHE ALS MYSTIKER

Als Goethe gegen Eckermann äußerte, daß man im Alter Mystiker werde, muß er einen besonderen Sinn damit verbunden haben; denn im allgemeinen war er von jeher, wenigstens zeitweise, so mystisch gestimmt, daß über den Mystiker nicht viel weniger, ja vielleicht noch mehr zu sagen wäre, als über den Okkultisten Goethe. Da es sich hierbei jedoch hauptsächlich um rein subjektive Vorgänge und Auffassungen handelt, gehört eine hierauf bezügliche eingehendere Darstellung nicht mehr in den Rahmen des im wesentlichen objektiv gearteten Themas dieser Schrift, wenn auch dic beiden Gebiete, wie ja die vorangegangenen Abschnitte bereits gezeigt haben, sich nicht reinlich scheiden lassen. Dazu kommt, daß eine Deutung der betreffenden Dichtungen wegen der reichen Symbolik und der mannigfachen Unverständlichkeiten kaum oder gar nicht möglich wäre; denn der Genius kann nur von seinesgleichen ganz erfaßt werden. Wer dies vergessen wollte, der könnte sich bedenklich bloßstellen, wie es der Ästhetiker Vischer mit seinem dritten Teil des „Faust" getan, nachdem er den zweiten für ein „zusammengeschustertes Machwerk des Alters" erklärt hatte.

Die Werke, welche den Mystiker Goethe am meisten kennzeichnen, sind das Märchen von der Schlange, das Gedicht „Die Geheimnisse", „Faust" und teilweise auch „Wilhelm Meister". Im Märchen ist der mystische Gehalt so tief verborgen, daß man glaubte, es auf politische Verhältnisse beziehen zu können. Dies ist, abgesehen vom Tempel, schon deshalb ganz unwahrscheinlich, weil das Märchen, das den Schluß der „Unterhaltungen deutscher Ausgewanderter" bildet, durch allerhand Geister- und Spukgeschichten vorbereitet wird. Es dürfte sich vielmehr um die symbolische Darstellung der seelischen Entwicklung des Menschen handeln.

„DIE GEHEIMNISSE“

Zu den „Geheimnissen“ hat Goethe selbst „Noten“ geschrieben, mit welchen der mystische Inhalt freilich nicht erschöpft, sondern eben nur angedeutet ist. Er kommt hauptsächlich zum Ausdruck durch das „Geheimnis“ des mit Rosen umwundenen Kreuzes (des Symboles des aufwärts strebenden Menschen, des Hauptkennzeichens des Rosenkreuzertums, dem Goethe nahegestanden zu haben scheint); durch die zu beiden Seiten des Rosenkreuzes aufgehängten Bilder des feuerfarbenen Drachen und des in einen stark blutenden Arm beißenden Bären („was hier verborgen, ist nicht zu erraten, man zeige denn es Dir vertraulich an“); durch die geheimnisvolle Nachterscheinung festlicher Jünglinge, deren Fackeln bei eiligem Lauf den Garten erhellen; durch den Umstand, daß die Art, auf welche Humanus von den zwölf Brüdern scheidet, „verborgen“ bleibt und daß der an seine Stelle tretende Markus „auf Befehl höherer Wesen“ erscheint; durch die Erwähnung des gegen Tauben sanft sich zeigenden Geiers, der vom Kinde überwundenen Otter und der aus trockenem Felsen springenden Quelle; durch den Hinweis auf wunderbare Heilungen; durch den dreimal erklingenden geheimnisvollen Ton; durch die Karwoche als Zeitpunkt der Handlung, sowie endlich und namentlich durch die Worte: „Doch glaube keiner, daß mit allen Sinnen das ganze Lied er je enträtseln werde.“

DER HÖHERE SINN DES FAUST II KANN NUR VON EINGEWEIHTEN ERFASST WERDEN

Auch mit Bezug auf den zweiten Teil des „Faust“ hat Goethe gegen Eckermann geäußert, daß der „höhere Sinn“ nur vom Eingeweihten erfaßt werden könne. Friedrich Lienhard wiederum hat treffend einmal gesagt: „Faust ist ein Mysterium, das seelisch erlebt werden muß, nicht aber theoretisch erklärt werden kann. Es muß ein Hereintönen wirklicher Geisterstimmen angenommen werden, da das ganze Werk auf die Möglichkeit eines Verkehres der sichtbaren Welt mit der unsichtbaren aufgebaut ist."

Über eine Stelle der Faustdichtung möchte ich, da ich meiner Sache ziemlich sicher bin, doch eine Deutung zu geben versuchen, um einem ebenso allgemeinen wie unwürdigen Mißbrauch entgegenzutreten: dem Mißbrauch, der mit den Schlußworten „Das Ewigweibliche zieht uns hinan" getrieben wird. Wenn man diese Worte für sich betrachtet, mag man glauben, daß sie sich auf das Wesen des weiblichen Geschlechts beziehen. Davon kann aber nimmermehr die Rede sein, wenn man sich in den Sinn der **ganzen** erhabenen Schlußszene vertieft. Handelt es sich doch, wie Goethe selbst einmal bemerkte, um so übersinnliche und kaum zu erahnende Dinge, daß er sie, „um sich nicht im Vagen zu verlieren", nur innerhalb der scharf umrissenen, christlich- katholischen Formen darstellen konnte. Es handelt sich um den Aufstieg der Seele in die geistige Welt und um Schlußworte einer höheren Weisheit:

Alles Vergängliche
Ist nur ein Gleichnis;
Das Unzulängliche,
Hier wird's Ereignis;
Das Unbeschreibliche,
Hier ist es getan;
Das Ewigweibliche
Zieht uns hinan.

Diese, vom Chorus mysticus gesprochenen Worte beziehen sich auf das von der Seele in der geistigen Welt erreichte Ziel, dessen Beschreibung mit den unzulänglichen Mitteln der irdischen Welt unmöglich ist. Das Ewigweibliche bezieht sich auf die Seele, insofern sie aus der geistigen Welt befruchtet werden kann und will, auf ihr unsterbliches Teil; **dies** zieht uns hinan, auf daß aus der geistigen Befruchtung (unio mystica) höchste Erkenntnis hervorgehen kann, eine Auffassung, die sich bei allen tieferen Mystikern findet. Ein Chorus mysticus kann unmöglich von einem Weiblichen im Sinne des Irdisch-Geschlechtlichen sprechen, denn seine Stimme kommt aus Regionen, für welche das Bibelwort gilt: „Die Kinder Gottes freien nicht und lassen sich nicht freien," d.h. sie haben das Geschlechtliche mit dem irdischen Leibe abgestreift.

Hinsichtlich des „Faust" ist noch bemerkenswert, daß Louvier eine Schrift „Goethe als Kabbalist" (H. Henkler, Dresden) schreiben konnte. Der Verfasser zeigt in dieser und mehreren andern, das gleiche Thema behandelnden Schriften, daß der „Faust" ein „Geheimbuch" ist, bei dessen Abfassung Goethe sich kabbalistischer Hilfsmittel bedient habe, um die Geheimnisse der Dichtung zu offenbaren. Damit stimmt wenigstens überein, was Goethe an Zelter geschrieben: „Bis jetzt, denke ich, hat ein guter Kopf und Sinn schon zu tun, wenn er sich zum Herrn machen will von allem, was da (nämlich in den „Faust") hineingeheimnist ist." Anknüpfend an Louvier weiß Else Frucht in ihrem wertvollen Buch „Goethes Vermächtnis" (Delphin-Verlag, München) außerordentlich wahrscheinlich zu machen, daß es ein noch unbekanntes literarisches Testament Goethes gebe, das der Auffindung harrt. Dieses Testament müsse ein Auflösungsbuch zum Rätselbuche „Faust" sein, da die Arbeit an jenem allem Anschein nach das „Hauptgeschäft" sei, über welches im Tagebuch Notizen neben solchen über die Arbeit am „Faust" einhergehen. Der Fundort des Testamentes müsse der hinter dem Gartenhaus gelegene Park sein, woselbst sich die von E. Frucht an der Hand von Abbildungen genau nachgewiesene Anlage eines Freimaurer-Tempels befinde. Die Enthüllung des Geheimnisses steht jedoch noch aus.

AUF ANDEREN PLANETEN BEFINDEN SICH WEITERENTWICKELTE WESEN

Daß nicht nur der Dichter, sondern auch der von ihm freilich kaum zu trennende Denker sich mit mystischen Dingen beschäftigt hat, geht namentlich aus dem langen Gespräch hervor, das Goethe mit Falk geführt hat. Da fielen beispielsweise die Worte: „Ich habe in einer unserer früheren Unterhaltungen den Menschen das erste Gespräch genannt, das die Natur mit Gott hält. Ich zweifle gar nicht, daß dies Gespräch auf anderen Planten viel höher, tiefer und verständiger gehalten werden kann." - In den „Wahlverwandtschaften" (Ottiliens Tagebuch) findet sich die bedeutsame Stelle: „Ich glaube, der Mensch träumt nur, damit er nicht aufhöre zu sehen. Es könnte wohl sein, daß das innere Licht einmal aus uns heraustr äte, so daß wir keines andern mehr bedürften." Damit vergleiche man die Worte des erblindeten Faust: „Die Nacht scheint tiefer, tief hereinzudringen, allein im Innern leuchet helles Licht."

SEINE NEIGUNG ZUR MYSTISCHEN SEITE DES CHRISTENTUMS

Im Anschluß an die katholischen Vorstellungen, denen wir am Ende des „Faust" begegnen, sei noch bemerkt, daß Goethe – was gleichfalls für seine mystischen Neigungen spricht – trotz gewisser Ausfälle gegen die Priester überhaupt viel Sympathie mit dem Katholizismus gehabt hat. Von den mancherlei dafür sprechenden Zeugnissen seien einige angeführt. Von besonderem Werte ist die ausführliche, im 7. Buch der Lebensbeschreibung angestellte Betrachtung über die Sakramente. Dort heißt es. u.a.: „Fehlt es dem protestantischen Kultus im Ganzen an Fülle, so untersuche man das Einzelne, und man wird finden, der Protestant hat zu wenig Sakramente, ja, er hat nur Eins, bei dem er sich tätig erweist: das Abendmahl; denn die Taufe sieht er nur an andern vollbringen, und es wird ihm nicht wohl dabei. Die Sakramente sind das Höchste der Religion, das sinnliche Symbol einer außerordentlichen Gunst und Gnade. In dem Abendmahle sollen die irdischen Lippen ein göttliches Wesen verkörpert empfangen und unter der Form irdischer Nahrung einer himmlischen teilhaftig werden... Ein solches Sakrament dürfte aber nicht allein stehen; kein Christ kann es mit wahrer Freude, wozu es gegeben ist, genießen, wenn nicht der symbolische oder sakramentliche Sinn in ihm genährt ist. Er muß gewohnt sein, die innere Religion des Herzens und die der äußeren Kirche als vollkommen Eins anzusehen, als das große allgemeine Sakrament, das sich wieder in so viel andere zergliedert und diesen Teilen seine Heiligkeit, Unzerstörlichkeit und Ewigkeit mitteilt."

Nachdem hierauf die Sakramente der Ehe, der Taufe, der Firmung und der Beichte entsprechend gewürdigt sind, fährt Goethe fort: „So, durch mehrere sakramentliche Handlungen, welche sich wieder, bei genauerer Ansicht, in sakramentliche kleinere Züge verzweigen, vorbereitet und rein beruhigt, kniet der Mensch hin, die Hostie zu empfangen; und daß ja das Geheimnis dieses hohen Akts noch gesteigert werde, sieht er den Kelch nur in der Ferne: es ist kein gemeinsames Essen und Trinken, was befriedigt, es ist eine Himmelsspeise, die nach himmlischem Tranke durstig macht."

Darnach folgen Betrachtungen über die Sakramente der letzten Ölung und der Priesterweihe. Mit Bezug auf jenes heißt es: „Und was nun durch das ganze Leben so erprobt worden, soll an der Pforte des Todes alle seine Heilkräfte zehnfach tätig erweisen. Nach einer von Jugend auf eingeleiteten, zutraulichen Gewohnheit nimmt der Hinfällige jene symbolischen, deutsamen Versicherungen mit Inbrunst an, und ihm wird da, wo jede irdische Garantie verschwindet, durch eine himmlische für alle Ewigkeit ein seliges Dasein zugesichert. Er fühlt sich entschieden überzeugt, daß weder ein feindseliges Element, noch ein mißwollender Geist ihn hindern könne, sich mit einem verklärten Leibe zu umgeben, um in unmittelbaren Verhältnissen zur Gottheit an den unermeßlichen Seligkeiten teilzunehmen, die von ihr ausfließen. Zum Schluße werden sodann, damit der ganze Mensch geheiligt sei, auch die Füße gesalbt und gesegnet.

Sie sollen, selbst bei möglicher Genesung, einen Widerwillen empfinden, diesen irdischen, harten, undurchdringlichen Boden zu berühren. Ihnen soll eine wunderbare Schnellkraft mitgeteilt werden, wodurch sie den Erdschollen, der sie bisher anzog, unter sich abstoßen. Und so ist durch einen glänzenden Zirkel gleichwürdig heiliger Handlungen, deren Schönheit von uns nur kurz angedeutet worden, Wiege und Grab, sie mögen zufällig noch so weit auseinander gerückt liegen, in einem stetigen Kreise verbunden."

In echt katholischem Geiste spricht Goethe schließlich über die Priesterweihe, wie folgt: „Wir hören, daß ein Mensch, vor dem andern von oben begünstigt, gesegnet und geheiligt werden könne. Damit aber dies ja nicht als Naturgabe erscheine, so muß diese große, mit einer schweren Pflicht verbundene Gunst von einem Berechtigten auf den andern übertragen, und das größte Gut, was ein Mensch erlangen kann, ohne daß er jedoch dessen Besitz von sich selbst weder erringen noch ergreifen könne, durch geistige Erbschaft auf Erden erhalten und verewigt werden. Ja, in der Weihe des Priesters ist alles zusammengefaßt, was nötig ist, um diejenigen heiligen Handlungen wirksam zu begehen, wodurch die Menge begünstigt wird, ohne daß sie irgendeine andere Tätigkeit dabei nötig hätte, als die des Glaubens und des unbedingten Zutrauens. Und so tritt der Priester in der Reihe seiner Vorfahren und Nachfolger, in dem Kreise seiner Mitgesalbten, den höchsten Segnenden darstellend, um so herrlicher auf, als es nicht er ist, den wir verehren, sondern sein Amt, nicht sein Wink, vor dem wir die Knie beugen, sondern der Segen, den er erteilt, und der um desto heiliger, unmittelbarer vom Himmel zu kommen scheint, weil ihn das irdische Werkzeug nicht einmal durch sündhaftes, ja lasterhaftes Wesen schwächen oder gar entkräften könnte.

Wie ist nicht dieser wahrhaft geistige Zusammenhang im Protestantismus zersplittert, indem ein Teil gedachter Symbole für apokryphisch und nur wenige für kanonisch erklärt werden! Und wie will man uns durch das Gleichgültige der einen zu der hohen Würde der andern vorbereiten?"

Zu Falk sagte Goethe: „Die Mysterien, besonders die Dogmen der christlichen Religion, eignen sich zu Gegenständen der tiefsten Philosophie." Im gleichen Gespräch bedauert es Goethe, daß die Reformation die Mysterien dem Volke preisgab und sie eben dadurch der Spitzfindigkeit aller einseitigen Verstandesurteile bloßstellte. Zu Boisserée: „Die Protestanten fühlen das Leere und wollen nun einen Mystizismus **machen,** da ja gerade der Mystizismus **entstehen** muß. Dummes, absurdes Volk, verstehen ja nicht einmal, wie denn die Messe geworden ist, und es ist gerade, als könne man eine Messe **machen!"** An Heinrich Voß schrieb Goethe: „Die Ohrenbeichte hätte den Menschen nie sollen genommen werden." Ins Tagebuch ist am 7. Sept. 1807 der bezeichnende Eintrag gemacht: „Fortdauernde Tendenz im Katholizismus."

Daß der Mystiker Goethe aus eigener Erfahrung gesprochen, ist mehr als wahrscheinlich, läßt sich aber mit Sicherheit kaum feststellen; denn er war, wie bereits hervorgehoben, bezüglich seiner innersten Gedankenwelt verschwiegen und hatte große Ehrfurcht vor dem Geheimnisvollen. Über gewisse Dinge scheint ihm Verschwiegenheit sogar auferlegt gewesen zu sein; denn er äußerte im Beginn des oben erwähnten Gespräches mit Falk: „Ich will Ihnen, weil es mir in diesem Augenblick erlaubt ist, meine Gedanken sagen."

GOETHE ÜBER DIE UNSTERBLICHKEIT

Die Frage der Fortdauer des Menschen nach dem Tode steht mit dem Okkultismus in engem Zusammenhang. Denn, wenn es auch gelingen würde, die sämtlichen sogenannten spiritistischen Phänomene animistisch, d.h. aus abnormen seelischen Fähigkeiten lebender Menschen zu erklären, so würden eben schon die animistischen Phänomene (Hellsehen, Fernsehen in Zeit und Raum, Gedankenübertragung, Fernwirken, Austreten des Astral- bzw. Ätherleibes, künstliches Stigma u.a.) zu einem seelischen Prinzip führen, das vom grobmateriellen Körper unabhängig ist und somit vom Tode nicht getroffen werden kann. Umgekehrt wird derjenige, welcher vom Fortleben nach dem Tode überzeugt ist, die Möglichkeit vieler okkulter Phänomene ohne weiteres zugeben. In Goethes zustimmenden Ansichten über die Unsterblichkeitsfrage hätten wir demnach gewissermaßen eine Bürgschaft dafür, daß es ihm mit seinen Äußerungen über okkulte Dinge durchaus Ernst gewesen ist. Nicht allein deshalb, sondern weil es ohne Zweifel ebenso wichtig wie interessant ist, sich gegenwärtig zu halten, wie der größte Deutsche über die schon für die Begründung der Moral so außerordentlich wichtige Kardinalfrage der Menschheit gedacht, habe ich mich bemüht, Goethes Aussprüche über die Unsterblichkeitsfrage in einer meines Wissens bisher noch nicht gebotenen Vollständigkeit zu bringen.

DAS TRUGBILD EINER NATURWISSENSCHAFTLICHEN WELTANSCHAUUNG

Vorher muß jedoch die Haltlosigkeit eines naheliegenden Einwandes dargetan werden. Seit dem großen Aufschwung, den die Naturwissenschaft in neuerer Zeit genommen, hört man nicht selten von einer naturwissenschaftlichen Weltanschauung reden, von welcher der Unsterblichkeitsglaube für immer überwunden worden sei. So sagt namentlich Haeckel, der in weiten, freilich meist nur halbgebildeten Kreisen immer noch ein großes Ansehen genießt, in seinen „Welträtseln“ , daß man das Unsterblichkeitsdogma noch vor 60 Jahren habe entschuldigen können, daß man aber heute in ihm einen bedauerlichen Anachronismus sehen müsse, weil es mit den sichersten Erfahrungssätzen der modernen Naturwissenschaft in unlösbarem Widerspruche stehe. Darnach wäre sicherlich auch Goethe anderer Meinung geworden, wenn er erlebt hätte, wie herrlich weit wir es gebracht; so daß also seine bejahenden Aussprüche über das Weiterleben nach dem Tode jetzt keinen Wert mehr haben.

Zunächst muß gezeigt werden, daß das mit großem Nachdruck ausposaunte Schlagwort von der „naturwissenschaftlichen Weltanschauung“ bei näherer Betrachtung sich als hohle Phrase erweist. Es gibt nämlich nur philosophische und religiöse Weltanschauungen, niemals aber eine naturwissenschaftliche. Was ist und was kann denn die Aufgabe der sich doch nur auf Sinnenwahrnehmungen und Verstandestätigkeit stützenden Naturwissenschaft lediglich sein? Die Tatsachen festzustellen und zu **beschreiben**, nicht aber sie zu erklären! Schon Goethe hat einmal gesagt (s.S. 32), daß uns der Naturforscher nur zum Besten habe, wenn er ein Phänomen erklärt. Dieser wichtige Sachverhalt mag vom denkbar unverdächtigsten Zeugen bestätigt werden, vom Materialisten L. Büchner. Er sagt in seiner Abhandlung: „Naturwissenschaft und Materialismus“ (Beilage der Allgemeinen Zeitung 1898, Nr. 171): „Der Verfasser hat in seinen Schriften keine Gelegenheit vorübergehen lassen, ohne die Unerklärbarkeit des Welträtsels und der letzten Zusammenhänge aller Dinge zu betonen... Mit dem „Erklären“ hat es überhaupt eine eigene Bewandtnis. Sind wir ja doch nicht imstande, selbst die einfachste, unserer Beobachtung zugängliche Erscheinung, z.B. die Verbindung zweier chemischer Körper zu einem dritten oder die mechanische Wirkung der Elektrizität oder die Geschwindigkeit des Lichtes oder das Wachstum einer Pflanze, eines Tieres u.s.w. nach deren

inneren Ursachen zu erklären. Wir müssen uns damit begnügen, die Tatsache als solche zu konstatieren.“

Was die Naturwissenschaft zu geben vermag, ist bestenfalls nur ein Weltbild, nimmermehr aber eine Weltanschauung. Diese zwei, oft durcheinandergeworfenenen Begriffe müssen streng getrennt werden. Das Weltbild ist das aufgrund von wissenschaftlichen Tatsachen gezeichnete Bild vom Bau der Welt. Aus dem Umstand, daß dieses Weltbild wegen der großen Unvollkommenheit unserer sinnlichen Erkenntnis sehr lückenhaft ist und daß es die innere Seite der Natur ganz unberücksichtigt läßt, entspringt das Bedürfnis nach einer Weltanschauung, d.h. nach einer einheitlichen Zusammenfassung und Ergänzung des Weltbildes. Diese Zusammenfassung, wie auch die Beantwortung der Frage nach dem Sinn und Ursprung der Welt, kann nur mittelst Gedanken erfolgen, die jenseits des Gebietes der Naturwissenschaft liegen: mit Gedanken philosophischer oder religiöser Art, wobei auch die Forderungen des Gemütes in Betracht kommen und müssen. Eine naturwissenschaftliche Weltanschauung bedeutet also so viel wie ein hölzernes Eisen.

Soll aber unter der „naturwissenschaftlichen Weltanschauung“ etwa die Weltanschauung des Naturforschers verstanden werden, so hat auch dies insofern keinen Sinn, als es kein **allen** Naturforschern gemeinsames Bekenntnis gibt; vielmehr finden sich bei diesen Gelehrten die allerverschiedensten Weltanschauungen und unter dem Einfluß der so mannigfaltigen Hypothesen sogar sehr verschieden gezeichnete Weltbilder. Wiederum hat schon Goethe die allgemeine Übereinstimmung der Naturforscher als „das schrecklichste, was man hören muß“, bezeichnet. Die Bekenntnisse der Naturforscher bewegen sich, wie E. Dennert in seinem verdienstvollen Buche „Die Weltanschauung des modernen Naturforschers“ (Stuttgart 1907) gezeigt hat, zwischen den äußersten Extremen: Hie materialistischer Atheismus, Beherrschung des Weltgeschehens durch den Zufall, der Mensch mit dem Tode vernichtet und von absoluter Bedeutungslosigkeit; dort Theismus, weisheitsvolle Absicht, der Mensch die Krone der Schöpfung mit der Aussicht auf Unsterblichkeit und geistige Höherentwicklung. Ja, es gibt unter den Naturforschern sogar zahlreiche Okkultisten und selbst Spiritisten, was ganz unmöglich wäre, wenn die Naturwissenschaft überhaupt zuständig wäre, die Unsterblichkeitsfrage verneinend zu beantworten. Daß auch der moderne Naturforscher (um von einem Newton, Kepler u.a. zu schweigen) streng religiös und sogar kirchlich gesinnt sein kann, dafür findet man bei R. A. Kneller, „Das Christentum und die Vertreter der modernen Naturwissenschaft" (Freiburg 1903) zahlreiche Belege, von denen hier wenigstens **einer** angeführt sei. Der als Begründer der mechanischen Wärmetheorie den größten Naturforschern des 19. Jahrhunderts beizuzählende Robert Mayer, der sich eine Zeitlang mit dem Gedanken trug, in die katholische Kirche überzutreten, schrieb: „Meine frühere Ahnung, daß die naturwissenschaftlichen Wahrheiten sich zu christlichen Religionen verhalten etwa wie Bäche und Flüße zum Weltmeer, ist mir nun zum lebendigen Bewußtsein geworden."

Was die von Haeckel gemeinten „sichersten Erfahrungssätze der modernen Naturwissenschaft" betrifft, die mit dem Unsterblichkeitsglauben in unlösbarem Widerspruch" stehen sollen, so sind es eben nicht sie selbst, sondern deren materialistische Deutungen. Gewiß ist es eine Tatsache, daß das Denken nach der Zerstörung des Gehirnes sich nicht mehr äußern kann. Daraus aber zu schließen, daß es ein rein physiologischer Vorgang sei und folglich mit dem Tode ganz aufhöre, ist ein „Trugschluß von ganz besonderer Borniertheit" (du Prel). Ebensogut könnte man behaupten, der Tonkünstler existiere nicht mehr, wenn er infolge der Zerstörung seines Instrumentes auf ihm nicht mehr spielen kann. Genug, mit viel größerem Rechte könnte man im Gegensatz zu Haeckel umgekehrt sagen, daß der Zweifel an der Fortdauer nach dem Tode vor 60 Jahren noch entschuldbar war, daß aber seit der durch okkulte Phänomene herbeigeführten Vertiefung der Seelenforschung die Wahrscheinlichkeit der individuellen Fortdauer heute nahezu zur Gewißheit geworden ist.

SEIN GLAUBE AN DIE FORTSETZUNG DES LEBENS IM JENSEITS

Bei Goethes Stellung zur Unsterblichkeitsfrage kommt dreierlei in Betracht: die Überzeugung von der Fortdauer, der Wert dieser Überzeugung und das Wie des Weiterlebens. Die Überzeugung ist in diesem Falle insofern von besonderer Bedeutung, als sie einer der wenigen Punkte ist, bezüglich welcher Goethe sich sein ganzes langes Leben hindurch von jedem Meinungswechsel freigehalten hat. Die nun folgenden, chronologisch geordneten Zeugnisse lassen erkennen, wie er dem Unsterblichkeitsgedanken in bewundernswerter Weise immer wieder neuen Ausdruk verliehen hat.

Der Zweiundzwanzigjährige sagt in der Rede, die er 1771 für den Shakespeare-Tag verfaßte, folgendes: „Dieses Leben ist für unsere Seele viel zu kurz... Ich! der ich mir alles bin, da ich alles nur durch mich kann! So ruft jeder, der sich fühlt, und macht große Fortschritte durch dieses Leben, eine Bereitung für den unendlichen Weg drüben."

Kestner schreibt im Sept. 1772: „Goethe, Lottchen und ich hatten ein merkwürdiges Gespräch von dem Zustande nach diesem Leben... Wir machten miteinander aus, wer zuerst von uns stürbe, sollte, wenn er könnte, den Lebenden Nachricht von dem Zustande jenes Lebens geben." Die Überzeugung von der Fortdauer und dem Wiedersehen wird denn auch im „Werther" mehrfach zum Ausdruck gebracht. Da sagt Lotte einmal: „O! die Gestalt meiner Mutter schwebt immer um mich, wenn ich am stillen Abend unter ihren Kindern, unter meinen Kindern sitze, und sie um mich versammelt sind, wie sie um sie versammelt waren," und am selben Tage Werther beim Scheiden: „Wir werden uns wiedersehen, wir werden uns finden, unter allen Gestalten werden wir uns erkennen." Ein andermal schreibt Werther an Lotte: „Wie kann ich vergehen? wie kannst du vergehen! Wir **sind** ja!... Ich träume nicht, ich wähne nicht. Nahe am Grabe wird mir es heller. Wir werden sein! wir werden uns wiedersehen! Deine Mutter sehen! Ich werde sie sehen, werde sie finden, ach, und vor ihr mein ganzes Herz ausschütten!"

Im „Brief des Pastors usw." (1772) heißt es: „Ich überlasse alle Ungläubigen der ewigen wiederbringenden Liebe und habe das Zutrauen zu ihr, daß sie am besten wissen wird, den unsterblichen und unbefleckten Funken, unsere Seele, aus dem Leibe des Todes auszuführen und mit einem neuen und unsterblich reinen Kleide zu umgeben."

In der für die „Frankfurter gelehrten Anzeigen" (1772) geschriebenen Rezension über Dr. Munters „Belehrungsgeschichte des vormaligen Grafen I .F. Struensee" findet sich die Stelle: „Gott allein kann wissen, wie groß die Schritte sein müssen, die hier die Seele tun muß, um dort seiner Gemeinschaft und dem Wohnplatz der Vollkommenheit und dem Umgang und der Freundschaft höherer Wesen näherzukommen."

Clavigo sagt am Schlusse des gleichnamigen Trauerspieles (1773): „Wenn du noch hier diese Stätte umschwebst, Geist meiner Geliebten, schau herab!"

Im „Prometheus" (1774) bricht das stolze Gefühl der individuellen Selbständigkeit und Unvergänglichkeit sogar den Göttern gegenüber also durch: „Vermögt ihr zu scheiden, mich von mir selbst?" und „Wir alle sind ewig... So bin ich ewig, denn ich bin!"

In „Stella" (1774) erwidert Cäcilie dem unglücklichen Fernando: „Ich werde dich wiedersehen, aber nicht auf dieser Erde!" Und Stella ruft später aus: „Und du, Stätte meines Grabes!... wo ich noch abgeschieden umzuschweben hoffe..."

In den „Geschwistern" (1776) sagt Wilhelm: „Siehst du denn auf uns herunter, heilige Frau, die du mir diesen Schatz aufzuheben gabst? Ja, sie wissen von uns droben! sie wissen von uns!"

In der ersten Abteilung der „Briefe aus der Schweiz" (1780) schreibt Goethe: „Daß in den Menschen so viele geistige Anlagen sind, die sie im Leben nicht entwickeln können, die auf eine bessere Zukunft, auf ein harmonisches Dasein deuten, darin sind wir einig, mein Freund, und meine andere Grille kann ich auch nicht aufgeben, ob du mich gleich schon oft für einen Schwärmer erklärt hast. Wir fühlen auch die Ahnung körperlicher Anlagen, auf deren Entwicklung wir in diesem Leben Verzicht tun müssen: so ist es ganz gewiß mit dem Fliegen." Unter der „anderen Grille" ist der Glaube an die Wiederverkörperung zu verstehen, auf welche weiter unten besonders zurückzukommen ist.

Einen Anklang an die eben erwähnte Grille enthält ein an Knebel (1781) gerichteter Brief: „Ein Artikel meines Glaubens ist es, daß wir durch Standhaftigkeit und Treue in dem gegenwärtigen Zustande ganz allein der höheren Stufen eines folgenden wert und sie zu betreten fähig werden, es sei nun hier zeitlich oder dort ewig."

1784 schreibt Caroline Herder: „Ich fuhr vergnügt in der Mondnacht, wo Goethe uns vom Zustande der Seele nach dem Tode erzählte." (Knebels Nachlaß II, 234.) Wenn hier auch nichts Näheres gesagt ist, so liefert dieser Vermerk doch einen weiteren Anhaltspunkt dafür, daß Goethe sich mit dem Unsterblichkeitsgedanken sehr viel beschäftigt hat.

Der Glaube an die Fortdauer spricht auch aus dem (1796 gedichteten) Liede Mignons: „So laßt mich scheinen, bis ich werde"; zumal ist die dritte Strophe bemerkenswert:

Und jene himmlischen Gestalten
Sie fragen nicht nach Mann und Weib,
Und keine Kleider, keine Falten
Umgeben den verklärten Leib.

In „Hermann und Dorothea" (1797) findet sich: „Des Todes rührendes Bild steht nicht als Schrecken dem Weisen und nicht als Ende dem Frommen", womit nicht gesagt ist, daß der Tod für den Weisen das Ende bedeutet. Goethe selbst war übrigens zugleich weise und fromm.

In die Besprechung der lyrischen Gedichte von Johann Heinrich Voß, welche von Goethe für die „Jenaische allgemeine Litteraturzeitung“ (1804) geliefert wurde, ist eingeflochten: „Denn so gewiß nach überstandenem Winter ein Frühling zurückkehrt, so gewiß werden sich Freunde, Gatten, Verwandte in allen Graden wiedersehen; sie werden sich in der Gegenwart eines alliebenden Vaters wiederfinden und alsdann erst unter sich und mit allem Guten ein Ganzes bilden, wonach sie in dem Stückwerk der Welt nur vergebens hinstrebten.“

Im ersten Teile des „Faust“ (abgeschlossen 1806) lockt den Lebensmüden „zu neuen Ufern ein neuer Tag“, und am Schlusse des zweiten Teiles ertönen allerhand Stimmen aus dem Jenseits, während Faustens „Unsterbliches“ von Engeln entführt wird.

Im Tagebuch vom 7. Sept. 1807 ist eingetragen: „Es kommt darauf an, daß der Mensch immerfort an seine drei idealen Forderungen: Gott, Unsterblichkeit, Tugend erinnert und sie ihm möglichst garantiert werden.“

Die „Wahlverwandtschaften“ (1809) schließen mit den Worten: „So ruhen die Liebenden neben einander. Friede schwebt über ihrer Stätte, heitere, verwandte Engelsbilder schauen vom Gewölbe auf sie herab, und welch ein freundlicher Ausdruck wird es sein, wenn sie dereinst wieder zusammen erwachen.“

In den Noten zu den „Geheimnissen“ (1816) heißt es (wie in anderem Zusammenhang schon erwähnt wurde): „So läßt sich leicht voraussehen, daß die durch den Ostertag besiegelte ewige Dauer erhöhter menschlicher Zustände auch hier bei dem Scheiden des Humanus sich tröstlich würde offenbart haben.“

WIR SIND BÜRGER JENER WELTEN

Zu Caroline von Egloffstein sagte Goethe (nach Biedermann, „Goethes Gespräche“ III. Bd.) im April 1818: „Das Vermögen, jedes Sinnliche zu veredeln und den totesten Stoff durch Vermählung mit der geisten Idee zu beleben, ist die sicherste Bürgschaft unseres überirdischen Ursprungs, und wie sehr wir auch durch tausend und abertausend Erscheinungen dieser Erde angezogen und gefesselt werden, so zwingt uns doch eine innige Sehnsucht, den Blick immer wieder zum Himmel zu erheben, weil ein unerklärbares tiefes Gefühl uns die Überzeugung gibt, daß wir Bürger jener Welten sind, die so geheimnisvoll über uns leuchten und wir einst dahin zurückkehren werden. Die Religion soll Frieden zwischen den Gesetzen jenes geistigen Reiches und der Sinnlichkeit des Menschen stiften." Ganz ähnlich äußerte sich Goethe um dieselbe Zeit auch gegen Fr. v. Müller.

In den (1820 vollendeten) „Wanderjahren" berichtet Wilhelm an Natalie, wie er sich bei der Leiche eines ertrunkenen Freundes verhalten: „Es war mir, als wenn ich in diesem Augenblicke Wunder tun müßte, die noch innewohnende Seele hervorzurufen, die noch in der Nähe schwebende wieder hereinzulocken."

An Knebel schrieb Goethe im Februar 1821: „Durch die Wendung, den angefochtensten Teil seines (Lukrez') Werkes, das leidenschaftliche Leugnen der Unsterblichkeit, ins Komische zu spielen, gewinnen wir unendlich."

Zum Kanzler Friedrich von Müller sagte er 1821: „So war ich stets und werde es bleiben, solange ich lebe, und darüber hinaus hoffe ich auch noch auf die Sterne; ich habe mir so einige ausersehen, auf denen ich meine Späße noch fortzutreiben gedenke."

Daß die Fortdauer für Goethe ein Postulat der praktischen Vernunft war, hat er in den (1821 redigierten) „Zahmen Xenien" mit der Strophe ausgesprochen:

„Du hast Unsterblichkeit im Sinn!
Kannst du uns deine Gründe nennen?"
Gar wohl, der Hauptgrund liegt darin,
Daß wir sie nicht entbehren können.

Zu Friedrich von Müller (Mai 1822): „Den Beweis der Unsterblichkeit muß jeder in sich selbst tragen, außerdem kann er nicht gegeben werden. Wohl ist alles in der Natur Wechsel, aber hinter dem Wechsel ruht ein Ewiges."

Noch entschiedener sagte er zum selben Zeugen im Okt. 1823: „Es ist einem denkenden Wesen durchaus unmöglich, sich ein Nichtsein, ein Aufhören des Denkens und Lebens zu denken; insofern trägt jeder den Beweis der Unsterblichkeit in sich selbst und ganz unwillkürlich."

Im gleichen Jahre schrieb der Jugendfreund an die Gräfin Stolberg: „In unseres Vaters Reiche sind viele Provinzen und, da er hier uns zu Lande ein so fröhliches Ansiedeln bereitete, so wird drüben gewiß auch für beide gesorgt sein... Möge sich in den Armen des alliebenden Vaters alles wieder zusammenfinden!"

Einen im März 1824 an Zelter geschriebenen Brief schließt Goethe mit den Worten: „Hüben wie drüben Dein Getreuer."

Im selben Jahre spricht der Weise von Weimar über die von ihm so oft erörterte Frage wiederholt mit Eckermann. Einmal (im Mai) sagt er: „Wenn einer fünfundsiebzig Jahre alt ist, kann es nicht fehlen, daß er mitunter an den Tod denkt. Mich läßt dieser Gedanke in völliger Ruhe, denn ich habe die feste Überzeugung, daß unser Geist ein Wesen ist ganz unzerstörbarer Natur, es ist ein fortwirkendes von Ewigkeit zu Ewigkeit, es ist der Sonne ähnlich, die bloß unsern irdischen Augen unterzugehen scheint, die aber eigentlich nie untergeht, sondern unaufhörlich fortleuchtet." Und ein andermal (ähnlich wie im April 1818 zu Friedrich von Müller): „Der Mensch, wie sehr ihn auch die Erde anzieht mit ihren tausend und abertausend Erscheinungen, hebt doch den Blick forschend und sehnend zum Himmel auf, der sich in unermessenen Räumen über ihm wölbt, weil er tief und klar in sich fühlt, daß er ein Bürger jenes geistigen Reiches sei, woran wir den Glauben nicht abzulehnen noch aufzugeben vermögen. In dieser Ahnung liegt das Geheimnis des ewigen Fortstrebens nach einem unbekannten Ziele."

Im Gedicht „Loge" (1825) finden sich die Verse:

So löst sich jene große Frage
Nach unserm zweiten Vaterland.
Denn das Beständige der ird'schen Tage
Verbürgt uns ewigen Bestand.

In dem (1826 verfaßten) Gedichte „Bei Betrachtung von Schillers Schädel" heißt es gegen Ende, daß Gott-Natur „das Feste zu Geist verrinnen" lasse, womit gleichfalls ein Zeugnis für die Unvergänglichkeit des Geistes abgelegt ist.

An Zelter schrieb Goethe (März 1827): „Wirken wir so fort, bis wir vom Weltgeist berufen in den Äther zurückkehren! Möge dann der ewig Lebendige uns reine Tätigkeiten, denen analog, in denen wir uns als Menschen erprobten, nicht versagen! Fügt er sodann Erinnerung und Nachgefühl des Rechten und Guten, was wir hier schon gewollt und geleistet, väterlich hinzu, so würden wir gewiß nur desto rascher in die Räume des Weltgetriebes eingreifen. Die entelechische Monade muß sich nur in rastloser Tätigkeit erhalten; wird ihr diese zur anderen Natur, so kann es ihr in Ewigkeit nicht an Beschäftigung fehlen."

KEIN WESEN KANN ZU NICHTS ZERFALLEN

Ein Jahr später sprach er mit Eckermann über die Entelechie in einer Weise, die sowohl die Fortdauer als das Vorleben der Seele erkennen läßt: „Jede Entelechie ist ein Stück Ewigkeit, und die paar Jahre, die sie mit dem irdischen Körper verbunden ist, machen sie nicht alt".

Zu Sckell sagte er im August 1828 (nach Biedermann, „Goethes Gespräche"): „Stehen Sie zumal ja fest im Glauben; denn wenn wir daran festhalten, dann kann uns auch niemand den Glauben an die Unsterblichkeit rauben." - Um dieselbe Zeit heißt es in einem Briefe an Knebel: „Ich hoffe, daß du mir von deiner vielseitigen Lektüre auch mein Teil nicht versagen wirst. Besonders wünsche ich von der

Wedekindschen Unsterblichkeit zu vernehmen." Vermutlich ist von G. v. Wedekinds „Verhandlung über die Bestimmung des Menschen" die Rede.

Aus dem Jahre 1829 stammt das Gedicht „Vermächtnis", das mit den Versen beginnt:

> Kein Wesen kann zu nichts zerfallen!
> Das Ewige regt sich fort in allen,
> Am Sein erhalte dich beglückt!"

Dieses Gedicht hat Goethe, wie er gegen Eckermann (Febr. 1829) äußerte, als Widerspruch der Verse

> Denn alles muß in nichts zerfallen,
> Wenn es im Sein beharren will,

geschrieben, welche „dumm" seien, und welche „meine Berliner Freunde bei Gelegenheit der Naturforschenden Versammlung zu meinem Ärger in goldenen Buchstaben ausgestellt haben." Aus dieser bezeichnenden Äußerung läßt sich, nebenbei bemerkt, leicht schließen, wie sehr Goethe sich erst darüber geärgert haben würde, daß die materialistischen Monisten sich an seine Rockschöße hängen wollen. Jene „dummen" Verse können also nicht, abgesehen von ihrem unklaren Inhalt, gegen den Unsterblichkeitsglauben Goethes ausgespielt werden. Noch weniger kann, wie es gleichwohl vorkommt, das in der Unterredung Fausts mit der Sorge fallende Wort: „Nach drüben ist die Aussicht uns verrannt" gegen diesen Glauben geltend gemacht werden, da doch das „drüben" damit nicht geleugnet wird.

Im gleichen Jahre hatte Eckermann wiederum zweimal Gelegenheit, aus seines Meisters Munde Aussprüche über das Weiterleben zu vernehmen. Im Februar äußerte Goethe: „Die Religion ist über aller Philosophie erhaben und bedarf von ihr keiner Stütze. So auch bedarf der Philosoph nicht das Ansehen der Religion, um gewisse

Lehren zu beweisen, wie z.B. die einer ewigen Fortdauer. Der Mensch soll an Unsterblichkeit glauben, er hat dazu ein Recht, es ist seiner Natur gemäß, und er darf auf religiöse Zusagen bauen; wenn aber der Philosoph den Beweis für die Unsterblickeit unserer Seele aus einer Legende hernehmen will, so ist das sehr schwach und will nicht viel heißen. Die Überzeugung unserer Fortdauer entspringt mir aus dem Begriff der Tätigkeit; denn wenn ich bis an mein Ende rastlos wirke, so ist die Natur verpflichtet, mir eine andere Form des Daseins anzuweisen, wenn die jetzige meinen Geist nicht ferner auszuhalten vermag." Und im Sept. des gleichen Jahres: „Ich zweifle nicht an unserer Fortdauer, denn die Natur kann die Entelechie nicht entbehren; aber wir sind nicht auf gleiche Weise unsterblich, und um sich künftig als große Entelechie zu manifestieren, muß man auch eine sein." Ein Anklang an den Gedanken einer bedingten Unsterblichkeit, wie sie von den alten Römern angenommen wurde, kommt auch im Gespräch mit Falk vor. Es heißt da: „Wie viel aber oder wie wenig von der Persönlichkeit verdient, daß es fortdauere, ist eine andere Frage und ein Punkt, den wir Gott überlassen müssen." Ferner sagt die Chorführerin gegen Ende des 3. Aktes des zweiten „Faust": „Wer keinen Namen sich erwarb, noch Edles will, gehört den Elementen an." Panthalis hingegen sagt: „Nicht nur Verdienst, auch Treue wahrt uns die Person."

Zu Friedrich von Müller (Febr. 1830): „Es ist unglaublich, wie viel er (der verstorbene Großherzog) in seinem Kreise aufgeregt und zu wie vielen schweren Leistungen er angeregt und aufgefordert hat. Gewiß, wo auch sein Geist im Weltall seine Rolle gefunden, er wird dort seine Leute wieder gut zu plagen wissen."

DIE ERDE ALS VORSCHULE EINES HÖHEREN DASEINS

Kurz vor seinem Tode (im März 1832) hatte Goethe mit Eckermann eine Unterredung über höchste und letzte Fragen, an deren Schlusse er äußerte: „Diese plumpe Welt aus einfachen Elementen zusammenzusetzen und sie jahraus jahrein in den Strahlen der Sonne rollen zu lassen, hätte Gott sicher wenig Spaß gemacht, wenn er nicht den Plan gehabt hätte, sich auf dieser materiellen Unterlage eine Pflanzschule für eine Welt von Geistern zu gründen. So ist er nun fortwährend in höheren Naturen wirksam, um die geringeren heranzuziehen." Dieser Ausspruch erinnert an eine der „Maximen und Reflektionen" (II): „Der Mensch wäre nicht der vornehmste auf der Erde, wenn er nicht zu vornehm für sie wäre," was zweifellos besagen will, daß der Mensch eigentlich woanders hingehört, daß also das Erdenleben bloß die Vorschule eines höheren Daseins ist.

Endlich bezeugt Friedrich von Müller in seiner am 9. Nov. 1832 gehaltenen Gedächtnisrede, daß Goethe in einer nächtlichen Stunde ausgerufen habe: „Glaubt ihr, ein Sarg könne mir imponieren? Kein tüchtiger Mensch läßt seiner Brust den Glauben an Unsterblichkeit rauben!" Im Gedicht „Symbolum", dessen Entstehungszeit ich nicht ermitteln konnte, findet sich die Strophe:

Doch rufen von drüben
Die Stimmen der Geister,
Die Stimmen der Meister:
Versäumt nicht zu üben
Die Kräfte des Guten!

Vielleicht darf auch noch die folgende, ganz im Geiste Goethes geschriebene Stelle aus den „Bekenntnissen einer schönen Seele" herangezogen werden: „Es war, als wenn meine Seele ohne Gemeinschaft des Körpers dächte; sie sah den Körper als ein ihr fremdes Wesen an, wie man etwa ein Kleid ansieht... Der Körper wird wie ein Kleid zerrissen, aber ich, das wohlbekannte Ich, ich **bin**."

DAS GLÜCK, AN EINE KÜNFTIGE FORTDAUER GLAUBEN ZU KÖNNEN

Den Wert, den die so über allen Zweifel erhabene Überzeugung vom Weiterleben nach dem Tode für Goethe gehabt, besonders hervorzuheben, liegt ein Grund insofern vor, als jene „Monisten", die den Dichter-Denker zum Gevatter für ihre Anschauungen glauben bestellen zu können, in fast schon wahnwitziger Weise behaupten, daß der definitive Verzicht auf den Unsterblichkeitsglauben für die Menschheit nicht nur keinen schmerzlichen Verlust, sondern einen unschätzbaren positiven Gewinn bedeuten würde (Haeckel), sowie daß mit dem Schwinden des Gottes- und Unsterblichkeitsglaubens die Bestrebungen zur Linderung menschlichen Elends einen größeren Aufschwung nehmen müßten (Ladenburg). In schroffstem Gegensatz hierzu hat Goethe in Übereinstimmung mit den wahrhaft Weisen aller Zeiten zu Eckermann (Februar 1824) gesagt: „Ich möchte keineswegs das Glück entbehren, an eine künftige Fortdauer zu glauben; ja, ich möchte mit Lorenzo von Medici sagen, daß alle diejenigen auch für dieses Leben tot sind, die kein anderes hoffen."

Die gleiche Denkweise spricht mittelbar aus mehreren Äußerungen seiner Überzeugung vom Weiterleben. Ferner begegnen wir ihr im „Torquato Tasso". Nachdem Tasso erklärt, daß er dichten müsse, wie der Seidenwurm spinnt, fährt er fort:

O geb' ein guter Gott uns auch dereinst
Das Schicksal des beneidenswerten Wurms,
Im neuen Sonnental die Flügel rasch
Und freudig zu entfalten.

SEIN GLAUBE AN DIE REINKARNATION

Nicht weniger wichtig als Goethes Überzeugung von der Fortdauer ist die Frage, wie er sich das jenseitige Leben gedacht haben mag. Daß ihm alle trivialen Vorstellungen ferne lagen, beweist ein mit Eckermann über Tiedges Urania (Februar 1824) geführtes Gespräch, sowie die bekannte launige Strophe:

Ein Sadducäer will ich bleiben! –
Das könnte mich zur Verzweiflung treiben,
Daß von dem Volk, das mich hier bedrängt,
Auch würde die Ewigkeit eingeengt.
Das wäre doch nur der alte Patsch.
Droben gäb's nur verklärten Klatsch.

Ebensowenig vermochte er sich mit dem Jenseits als einem passiven, seligen oder qualvollen Zustande zu befreunden. Daß er sich vielmehr das Weiterleben als erfüllt von einer auf Höherentwickelung abzielenden Tätigkeit gedacht hat, dafür sprechen mehrere der obigen Äußerungen über die Fortdauer. In einigen Fällen läßt er zudem durchblicken, daß es sich um eine Wiederverkörperung, sei es auf diesem oder einem anderen Planeten, handeln dürfte. Diese uralte, nicht nur buddhistische, sondern auch von vielen bedeutenden Köpfen des Abendlandes (Pythagoras, Plato, G. Bruno, Lessing, Novalis, Schopenhauer, Hellenbach, R. Wagner, Hebbel, Strindberg u.a.) hoch gehaltene Lehre scheint denn in der Tat auch Goethes Glaube gewesen zu sein; denn es läßt sich hierfür noch eine ganze Menge deutlich sprechender Zeugnisse anführen.

Die früheste Spur findet sich in dem (1774 gedichteten) „Prometheus". Auf die Frage Pandoras: „Und nach dem Tod?" antwortet der Menschenbildner:

Wenn alles – Begier und Freud' und Schmerz –
In stürmendem Genuß sich aufgelöst,
Dann sich erquickt, in Wonne schläft –
Dann lebst du auf, aufs jüngste wieder auf,
Von neuem zu fürchten, zu hoffen, zu begehren!

FRAU VON STEIN WAR IN EINEM FRÜHEREN LEBEN SEINE FRAU

Bald darauf versucht Goethe seine starke Neigung zu Frau von Stein mit den folgenden, an Wieland gerichteten Worten zu erklären: „Ich kann mir die Bedeutsamkeit, die Macht, die diese Frau über mich hat, anders nicht erklären, als durch die Seelenwanderung. Ja, wir waren einst Mann und Weib!“ Und das gleiche sagte er (1776) der Freundin selbst mit den bekannten Worten:

Sag, was will das Schicksal uns bereiten?
Sag, wie band es uns so rein genau?
Ach, du warst in abgelebten Zeiten
Meine Schwester oder meine Frau.

Ferner schrieb er ihr drei Jahre später: „Wenn ich wieder auf die Erde komme, will ich die Götter bitten, daß ich nur einmal liebe, und wenn Sie nicht so Feind dieser Welt wären, wollt' ich um Sie bitten zu dieser lieben Gefährtin.“ Des weiteren im Juli 1781, als ob es sich um eine ganz selbstverständliche Sache handelte: „Wie gut ist's, daß der Mensch sterbe, um nur die Eindrücke auszulöschen und gebadet wieder zu kommen.“ Sodann im Dezember des gleichen Jahres: „Herders Gespräche über Seelenwanderung sind sehr schön und werden Dich freuen.“

Aus Venedig schreibt Goethe im Okt. 1786: „Es ist mir wirklich auch jetzt nicht etwa zumute, als ob ich die Sachen zum erstenmal sähe, sondern als ob ich sie wiedersähe.“

ZU KAISER HADRIANS ZEITEN GELEBT

Im August 1815 äußerte Goethe gegen Boisserée: er habe gewiß schon einmal unter Hadrian gelebt; alles Römische ziehe ihn unwillkürlich an... Boisserée sei gewiß auch schon einmal dagewesen im

15. Jahrhundert. Und im September des gleichen Jahres drückte er gegen denselben Freund seine Freude aus, daß die Welt, das Leben für Bedürfnisse sich immer gleich bleiben, was ein Trost für Seelenwanderer sei.

STIRB UND WERDE

Aus dem gleichen Jahre stammt das Gedicht „Selige Sehnsucht", in welchem wahrscheinlich die Idee der Wiedergeburt, jedenfalls aber die der Fortdauer allegorisch dargestellt ist. Der Schwerpunkt liegt auf der Strophe:

Und so lang du das nicht hast,
Dieses: Stirb und werde!
Bist du nur ein trüber Gast
Auf der dunklen Erde.

DIE VORSEHUNG BESTIMMT DIE REINKARNATIONSZYKLEN

Gegen den Schluß der „Wanderjahre" (1820) heißt es mit Bezug auf Makarie: „Wir hoffen, daß eine solche Entelechie sich nicht ganz aus unserem Sonnensystem entfernen, sondern, wenn sie an die Grenzen desselben gelangt ist, sich wieder zurücksehnen werde, um zugunsten unserer Urenkel in das irdische Leben und Wohltun wieder einzutreten." Im gleichen Jahre schreibt Goethe in den Erläuterungen zum „Dämon", dem ersten der „Orphischen Urworte": „Diese Strophe spricht die Unveränderlichkeit des Individuums mit wiederholter Beteuerung aus. Das noch so entschieden Einzelne kann, als ein Endliches, gar wohl zerstört, aber so lange sein Kern zusammenhält, nicht zersplittert, noch zerstückelt werden, sogar durch Generationen hindurch." Ferner ist der Gedanke an die Wiedergeburt wohl auch in den an Eckermann (März 1828) gerichteten Worten zu erkennen: „Jeder außerordentliche Mensch hat eine Sendung, die er zu vollführen berufen ist. Hat er sie vollbracht, so ist er auf Erden in dieser Gestalt nicht weiter vonnöten, und die Vorsehung verwendet ihn wieder zu etwas anderem!“

Vielleicht kann auch herangezogen werden, was Faust im Anfang des zweiten Teiles von der Erde sagt:

Du regst und rührst ein kräftiges Beschließen,
Zum höchsten Dasein immerfort zu streben.

DES MENSCHEN SEELE GLEICHT DEM WASSER

Im Gedicht „Wohl zu merken!“ ist die Rede von einem „Folgeleben“. Endlich können noch herangezogen werden die beiden Strophen:

Und so kommt wieder zur Erde herab,
Dem die Erde den Ursprung gab.
Gleicherweise sind wir auch gezüchtigt,
Einmal gefestet, einmal verflüchtigt.

Des Menschen Seele
gleicht dem Wasser.
Vom Himmel kommt es,
Zum Himmel steigt es
Und wieder nieder
Zur Erde muß es
Ewig wechselnd.

Weitere, mir aber weniger unzweifelhaft erscheinende Belege für Goethes Überzeugung von der Reinkarnation und der von ihr untertrennlichen Präexistenz sind von R. v. Köber in der Zeitschrift „Sphinx“ (Bd. 14, S. 97) angeführt worden. Insbesondere will dieser philosophische Interpret schließlich auch die Worte: „Wer immer strebend sich bemüht, den können wir erlösen", dahin gedeutet wissen, daß unter Erlösung die Wiedergeburt aus dem Geiste, d.h. also die Befreiuung von weiteren Wiederverkörperungen, verstanden werden müsse.

GESPRÄCH MIT FALK AM BEGRÄBNISTAG VON WIELAND

Nun folge unter Hinweglassung einiger minder wichtiger Sätze das ausführliche, am Begräbnistage Wielands (25. Jan. 1813) mit Falk geführte Gespräch, das dieser in seinem Buche „Goethe aus näherem persönlichen Umgang dargestellt" aufgezeichnet hat. Diese höchst bemerkenswerte Unterredung enthält nicht nur mehrere weitere Belege für Goethes Überzeugung von der Fortdauer und Wiederverkörperung, sondern sie kann geradezu als eine Zusammenfassung betrachtet werden, welche verschiedene philosophische und religiöse (sowie auch gewisse mystische) Anschauungen des großen Mannes ungleich richtiger wiedergibt, als etwa der im jugendlichen Übermut geschriebene „Prometheus" und andere, den Materialisten wohlgefällige Stimmungsbilder.

WIELANDS WÜRDIGE WEITERTÄTIGKEIT IM JENSEITS

Nachdem Falk gefragt: „Was glauben Sie wohl, daß Wielands Seele in diesen Augenblicken vornehmen möchte?" antwortete Goethe: „Nichts Kleines, nichts Unwürdiges, nichts mit der sittlichen Größe, die er sein ganzes Leben hindurch behauptete, Unverträgliches... Vom Untergang solcher hohen Seelenkräfte kann in der Natur niemals und unter keinen Umständen die Rede sein; so verschwenderisch behandelt sie ihre Kapitalien nie. Wielands Seele ist von Natur ein Schatz, ein wahres Kleinod. Dazu kommt, daß sein langes Leben diese geistig schönen Anlagen nicht verringert, sondern vergrößert hat. Noch einmal: bedenkt mir sorgsam diesen Umstand! Raffael war kaum in den Dreißigen, Kepler kaum einige Vierzig (dies ist ein Irrtum; Kepler wurde 59 Jahre alt. M.S.), als beide ihrem Leben plötzlich ein Ende machten, indes Wieland" - „Wie?" fiel Falk hier Goethe mit einigem Erstaunen ins Wort, „sprechen Sie doch vom Sterben, als ob es ein Akt von Selbständigkeit wäre?" - „Das erlaube ich mir öfters", gab er zur Antwort, „und wenn es Ihnen anders gefällt, so will ich Ihnen darüber auch von Grund aus, weil es mir in diesem Augenblicke erlaubt ist, meine Gedanken sagen."

EINZELSEELEN UND GESAMTSEELEN

Falk bat ihn dringend, sie ihm nicht vorzuenthalten. „Sie wissen längst," hub Goethe an, „daß Ideen, die eines festen Fundaments in der Sinnenwelt entbehren, bei all ihrem übrigen Werte für mich keine Überzeugung mit sich führen, weil ich, der Natur gegenüber, wissen, nicht aber bloß vermuten und glauben will. Was nun die persönliche Fortdauer unserer Seele nach dem Tode betrifft, so ist es damit auf meinem Wege also beschaffen: Sie steht keineswegs mit den vieljährigen Beobachtungen, die ich über die Beschaffenheit unserer und aller Wesen in der Natur angestellt, im Widerspruch; im Gegenteil, sie geht sogar aus denselben mit neuer Beweiskraft hervor. Wie viel aber oder wie wenig von dieser Persönlichkeit übrigens verdient, daß es fortdauere, ist eine andere Frage und ein Punkt, den wir Gott überlassen müssen. Vorläufig will ich nur dieses zuerst bemerken: ich nehme verschiedene Klassen und Rangordnungen der letzten Urbestandteile aller Wesen an, gleichsam der Anfangspunkte aller Erscheinungen in der Natur, die ich Seelen nennen möchte, oder noch lieber Monaden – lassen Sie uns immer diesen Leibnizischen Ausdruck beibehalten! Die Einfachheit des einfachsten Wesens auszudrücken, möchte es kaum einen besseren geben. Nun sind einige von diesen Monaden oder Anfangspunkten, wie uns die Erfahrung zeigt, so klein, so geringfügig, daß sie sich höchstens nur zu einem untergeordneten Dienst und Dasein eignen. Andere dagegen sind gar stark und gewaltig. Die letzten pflegen daher alles, was sich ihnen naht, in ihren Kreis zu reißen und in ein ihnen Angehöriges, d. h. in einen Leib, in eine Pflanze, in ein Tier, oder noch höher herauf, in einen Stern zu verwandeln. Sie setzen dies so lange fort, bis die kleine oder große Welt, deren Intention geistig in ihnen liegt, auch nach außen leiblich zum Vorschein kommt. Nur die letzten möchte ich eigentlich Seelen nennen. Es folgt hieraus, daß es Weltmonaden, wie Ameisenmonaden, Ameisenseelen gibt, und daß beide in ihrem Ursprunge, wo nicht völlig eins, doch im Urwesen verwandt sind.

DIE HAUPTMONADE (DAS HÖHERE ICH) BESTIMMT DIE DAUER UNSERES ERDENLEBENS

Jede Sonne, jeder Planet trägt in sich eine höhere Intention, einen höheren Auftrag, vermöge dessen seine Entwickelungen ebenso regelmäßig und nach demselben Gesetze, wie die Entwickelungen eines Rosenstockes durch Blatt, Stiel und Krone, zustande kommen müssen. Mögen Sie dies eine Idee oder eine Monade nennen, wie Sie wollen, ich habe auch nichts dawider; genug, daß diese Intention unsichtbar und früher als die sichtbare Entwicklung aus ihr in der Natur vorhanden ist. Die Larven der Mittelzustände, welche diese Idee in den Übergängen vornimmt, dürfen uns dabei nicht irre machen. Es ist immer nur dieselbe Metamorphose oder Verwandlungsfähigkeit der Natur, die aus dem Blatte eine Blume, eine Rose, aus dem Ei eine Raupe und aus der Raupe einen Schmetterling heraufführt. Übrigens gehorchen die niederen Monaden einer höheren, weil sie eben gehorchen müssen, nicht aber, daß es ihnen besonders zum Vergnügen gereichte... Der Moment des Todes, der darum auch sehr gut eine Auflösung heißt, ist eben der, wo die regierende Hauptmonas alle ihre bisherigen Untergebenen ihres treuen Dienstes entläßt. Wie das Entstehen, so betrachte ich auch das Vergehen als einen selbständigen Akt dieser, nach ihrem eigentlichen Wesen uns völlig unbekannten Hauptmonas.*)

ÜBER DIE RANGORDNUNG DER SEELEN

Alle Monaden aber sind von Natur so unverwüstlich, daß sie ihre Tätigkeit im Moment der Auflösung selbst nicht einstellen oder verlieren, sondern noch in demselben Augenblick wieder fortsetzen. So scheiden sie nur aus den alten Verhältnissen, um auf der Stelle wieder neue einzugehen. Bei diesem Wechsel kommt alles darauf an, wie mächtig die Intention sei, die in dieser oder jener Monas enthalten ist. Die Monas einer gebildeten Menschenseele und die eines Bibers, eines Vogels oder eines Fisches, das machte einen gewaltigen Unterschied. Und da stehen wir wieder an den Rangordnungen der Seelen, die wir gezwungen sind anzunehmen, sobald wir uns die Erscheinungen der Natur nur einigermaßen erklären wollen... Jede Monade geht, wo sie hingehört, ins Wasser, in die Luft, in die Erde, ins Feuer, in die Sterne; ja, der geheime Zug, der sie dahin führt, enthält zugleich das Geheimnis ihrer zukünftigen Bestimmung.

An eine Vernichtung ist gar nicht zu denken; aber von irgendeiner mächtigen und dabei gemeinen Monas unterwegs angehalten und ihr untergeordnet zu werden, diese Gefahr hat allerdings etwas Bedenkliches, und die Furcht davor wüßte ich auf dem Wege einer bloßen Naturbetrachtung meinesteils nicht ganz zu beseitigen."

Indem ließ sich ein Hund auf der Straße mit seinem Gebell zu wiederholten Malen vernehmen. Goethe, der von Natur eine Antipathie wider alle Hunde besitzt, fuhr mit Heftigkeit ans Fenster und rief ihm entgegen: „Stelle dich, wie du willst, Larve, mich sollst du doch nicht unterkriegen!" Höchst befremdend für den, der den

*) Diese merkwürdige Hypothese findet sich meines Wissens nur noch in der okkultistischen Philosophie du Prels, insofern nach ihm das Leben, und also auch seine Dauer, eine Selbstverordnung des transzendentalen Subjekts ist.

Zusammenhang Goethe'scher Ideen nicht kennt; für den aber, der damit bekannt ist, ein humoristischer Einfall, der eben am rechten Orte war!

„Dies niedrige Weltgesindel," nahm er nach einer Pause und etwas beruhigter wieder das Wort, „pflegt sich über die Massen breit zu machen; es ist ein wahres Monadenpack, womit wir in diesem Planetenwinkel zusammengeraten sind, und möchte wenig Ehre von dieser Gesellschaft, wenn sie auf anderen Planeten davon hörten, für uns zu erwarten sein."

DAS AUFBLITZEN DER ERINNERUNG BEI HÖHEREN SEELEN ÜBER DIE ENTSTEHUNG DES WELTALLS

Falk fragte weiter: Ob er wohl glaube, daß die Übergänge aus diesen Zuständen für die Monaden selbst mit Bewußtsein verbunden wären? Worauf Goethe erwiderte: „Daß es einen allgemein historischen Überblick, sowie daß es höhere Naturen, als wir selbst, unter den Monaden geben könne, will ich nicht in Abrede stellen. Die Intention einer Weltmonade kann und wird manches aus dem dunkeln Schoße ihrer Erinnerung hervorbringen, das wie Weissagung aussieht und doch im Grunde nur dunkle Erinnerung eines abgelaufenen Zustandes, folglich Gedächtnis ist; völlig wie das menschliche Genie die Gesetztafeln über die Entstehung des Weltalls entdeckte, nicht durch trockne Anstrengung, sondern durch einen ins Dunkel fallenden Blitz der Erinnerung, weil es bei deren Abfassung selbst zugegen war. Es würde vermessen sein, solchen Aufblitzen im Gedächtnis höherer Geister ein Ziel zu setzen oder den Grad, in welchem sich diese Erleuchtung halten müßte, zu bestimmen. So im allgemeinen und historisch gefaßt, finde ich in der Fortdauer von Persönlichkeit einer Weltmonas durchaus nichts Undenkbares.

Was uns selbst zunächst betrifft, so scheint es fast, als ob die von uns früher durchgangenen Zustände dieses Planeten im ganzen zu unbedeutend und zu mittelmäßig seien, als daß vieles daraus in den Augen der Natur einer zweiten Erinnerung wert gewesen wäre. Selbst unser jetziger Zustand möchte einer großen Auswahl bedürfen, und unsere Hauptmonas wird ihn wohl ebenfalls künftig einmal summarisch, d.h. in einigen großen historischen Hauptpunkten zusammenfassen...

ICH BIN SCHON TAUSENDMAL DAGEWESEN

Wollen wir uns einmal auf Vermutungen einlassen, so sehe ich wirklich nicht ab, was die Monade, welcher wir Wielands Erscheinung auf unserem Planeten verdanken, abhalten sollte, in ihrem neuen Zustande die höchsten Verbindungen dieses Weltalls einzugehen. Durch ihren Fleiß, durch ihren Eifer, durch ihren Geist, womit sie so viele weltgeschichtliche Zustände in sich aufnahm, ist sie zu allem berechtigt. Ich würde mich so wenig wundern, daß ich es sogar meinen Ansichten völlig gemäß finden müßte, wenn ich einst diesem Wieland als einer Weltmonade, als einem Stern erster Größe, nach Jahrtausenden wieder begegnete und sähe und Zeuge davon wäre, wie er mit seinem lieblichen Lichte alles, was ihm irgend nahe käme, erquickte und aufheiterte. Wahrlich, das nebelartige Wesen irgendeines Kometen in Licht und Klarheit zu verfassen, das wäre wohl für die Monas unseres Wielands eine erfreuliche Aufgabe zu nennen; wie denn überhaupt, sobald man die Ewigkeit dieses Weltzustandes denkt, sich für Monaden durchaus keine andere Bestimmung annehmen läßt, als daß sie ewig auch ihrerseits an den Freuden der Götter als selig mitschaffende Kräfte teilnehmen. Das Werden der Schöpfung ist ihnen anvertraut. Gerufen oder ungerufen, sie kommen von selbst auf allen Wegen, von allen Bergen, aus allen Meeren, von allen Sternen; wer mag sie aufhalten? Ich bin gewiß, wie Sie mich hier sehen, schon tausendmal dagewesen und hoffe wohl noch tausendmal wiederzukommen." – „Um Verzeihung," fiel Falk ihm hier ins Wort: „... Sollten wir unserm Ziele nicht näher gelangen, wenn wir eine liebende Hauptmonas im Mittelpunkte der Schöpfung voraussetzten, die sich aller untergeordneter Monaden dieses ganzen Weltalls auf dieselbe Art und Weise bediente, wie sich unsere Seele der ihr zum Dienste untergebenen geringern Monaden bedient?" – „Ich habe gegen diese Vorstellung, als Glauben betrachtet, nichts," gab Goethe hierauf zur Antwort. „Ja, wenn wir unser Gehirn und den Zusammenhang desselben mit dem Uranus*) und die tausendfältigen einander durchkreuzenden Fäden kennten, worauf der Gedanke hin und her läuft! So aber werden wir der Gedankenblitze immer dann erst inne, wenn sie einschlagen. Wir kennen nur Ganglien, Gehirnknoten; vom Wesen des Gehirns selbst wissen wir soviel als gar nichts. Was wollen wir denn also von Gott wissen?...

WISSEN UND GLAUBEN SOLLTEN EINANDER ERGÄNZEN

Ich habe in einer unserer früheren Unterhaltungen den Menschen das erste Gespräch genannt, das die Natur mit Gott hält. Ich zweifle gar nicht, daß dies Gespräch auf anderen Planeten viel höher, tiefer und verständiger gehalten werden kann. Uns gehen vor der Hand tausend Kenntnisse dazu ab. Das erste gleich, was uns mangelt, ist die Selbstkenntnis; nach dieser kommen alle übrigen. Streng genommen kann ich von Gott doch weiter nichts wissen, als wozu mich der ziemlich beschränkte Gesichtskreis von sinnlichen Wahrnehmungen auf diesem Planeten berechtigt, und das ist in allen Stücken wenig genug. Damit ist aber keineswegs gesagt, daß durch diese Beschränkung unserer Naturbetrachtungen auch dem Glauben Schranken gesetzt wären... Wo das Wissen genügt, bedürfen wir freilich des Glaubens nicht; wo aber das Wissen seine Kraft nicht bewährt oder ungenügend erscheint, sollen wir auch dem Glauben seine Rechte

*) Hier scheint er unter Uranus nicht den Planeten, sondern den ganzen Sternenhimmel zu verstehen.

nicht streitig machen. Sobald man nur von dem Grundsatz ausgeht, daß Wissen und Glauben nicht dazu da sind, um einander aufzuheben, sondern um einander zu ergänzen, so wird schon überall das Rechte ausgemittelt werden."

SCHLUSSWORT

Überblickt man das im Vorstehenden Mitgeteilte, dann wird man finden, daß es nur wenig okkulte Erscheinungen gibt, die Goethe nicht auf zustimmende Weise in den Kreis seiner Betrachtungen gezogen hätte. Danach unterliegt es nicht dem geringsten Zweifel, daß er auch andere, von ihm nicht erörterte okkulte Vorgänge für möglich gehalten hätte. In dieser Beziehung kommt namentlich das über die Seherin von Prevorst zum Kanzler Friedrich von Müller Gesagte in Betracht: „Diese wundersamen Kräfte müssen in der Natur des Menschen liegen." Goethe brauchte also zur Einsicht in die Existenz okkulter Kräfte und Fähigkeiten nicht erst durch Tatsachen gebracht zu werden, sondern er war von dieser Existenz vor aller Erfahrung vermöge seines genialen Innenblickes überzeugt.

GOETHE ALS EIN VOR NICHTS HALTMACHENDER OKKULTIST UND MYSTIKER

Wer aber zudem an Telepathie zwischen zwei aus dem gleichen Holze verfertigten Möbeln glaubt; wer dämonischen Menschen eine „unglaubliche Gewalt über die Geschöpfe, ja sogar über die Elemente" zutraut; wer Anwandlungen von Wunderglauben hat; wer den „Faust", zumal den zweiten Teil, gedichtet; wer göttliche Inspiration beim genialen Schaffen voraussetzt; wer sein Leben lang auf nicht mißzuverstehende Weise mit Geistern zu tun hat; wer eine Sternseele (Makarie) allen Ernstes sich als Menschen verkörpern läßt; wer das menschliche Genie bei der Entstehung des Weltalls zugegen sein läßt (vergl. S. 122) – der ist doch wahrhaftig ein vor **nichts** haltmachender Okkultist und Mystiker, der in Bezug auf Unbefangenheit alle auf wissenschaftlichen Boden stehende Okkultisten weit hinter sich läßt. Dies gilt besonders hinsichtlich der Stellung zum Wunder. Während jene Forscher sich eine Durchbrechung des Kausalitätsgesetzes nicht denken können und sich deshalb zum Wunder skeptisch verhalten, besteht für Goethe „das Wunderbare des Wunders darin, daß das Mögliche und das Unmögliche eins werden", eine Ansicht, die sich übrigens auch von einem höheren wissenschaftlichen Standpunkt rechtfertigen läßt. Man braucht nur anzunehmen, daß das Kausalitätsgesetz nicht **allein** gültig ist, sondern möglicherweise von einem uns unfaßbaren überirdischen Gesetz abgelöst werden kann, ein Gedanke, der schon vom Kirchenvater Augustinus in die treffenden Worte gekleidet worden ist: „Ein Wunder geschieht nicht in Widerspruch mit der Natur, sondern in Widerspruch mit demjenigen, was uns von der Natur bekannt ist." Gerade mit seinem Wunderglauben nimmt Goethe im Gegensatz zum dogmatischen „Freidenkertum" den denkbar freiesten und seiner durchaus würdigen Standpunkt ein.

SEINE ÜBEREINSTIMMUNG MIT ALLEN WESENTLICHEN PUNKTEN DER OKKULTEN PHILOSOPHIE

Es ist hin und wieder gesagt worden, daß der vielseitigste aller Geister für keine bestimmte Geistesrichtung beansprucht werden dürfe. Die so sprechen, mögen zwar alle anderen Weltansichten, nicht aber die okkultistische, im Auge gehabt haben; denn hinsichtlich ihrer ist eben die Übereinstimmung so gut wie vollständig, wenn man von Goethes hypermystischen Neigungen absieht. Findet man doch bei ihm die sämtlichen Hauptmomente der okkultistischen Philosophie du Prels, als da sind: der Primat des Geistes; die individuelle, wahrscheinlich mit Wiederverkörperung, jedenfalls aber mit

Entwicklung verbundene Fortdauer nach dem Tode; die individuelle Präexistenz; der Umstand, daß das Leben eine Selbstverordnung des „transzendentalen Subjekts" (du Prel), der „menschlichen Monade" (Goethe) ist; die Einschränkung des Bewußtseins in Folge der irdischen Verkörperung, welche Einschränkung von Goethe wiederholt außerordentlich glücklich als „körperliche Verdüsterung der Entelechie" bezeichnet wird; die damit zusammenhängende Doppelnatur des Menschen, vermöge welcher er aus einer übersinnlichen und einer irdischen Wesenshälfte besteht; der fernere Umstand, daß die organisierende Kraft des Menschen in ihm selbst wurzelt, so daß also die Seele nicht der Gast, sondern der Architekt des Körpers ist; die Auffassung des Todes nicht als eine Trennung zweier grundverschiedener Bestandteile, sondern als eine Scheidung des Kernes von weniger wesentlichen Bestandteilen; endlich die Existenz eines Geisterreiches, ja einer ganzen übersinnlichen Welt.

SEINE DISTANZIERUNG VOM PANTHEISMUS

Hiernach darf man wohl sagen, daß, wenn irgendein -ismus Anspruch auf Goethes Patronat machen dürfte, dies am allerehesten der Okkultismus wäre. Jedenfalls wäre Goethe als Okkultist zutreffender bezeichnet, denn als Pantheist. Gewiß finden sich bei ihm, dem Allumfassenden, vereinzelte pantheistische Gedankengänge; dem ihm gewöhnlich zugeschobenen systematischen Pantheismus stand er jedoch fern. Diese Behauptung mag hier angesichts der Wichtigkeit des Sachverhaltes kurz noch begründet werden.

Zunächst ist zu bemerken, daß der Pantheismus schon mit Goethes ausgeprägtem Individualbewußtsein unvereinbar ist, wie es auch aus manchen seiner Äußerungen über die Unsterblichkeit hervorgeht. Sodann wird der Einfluß, den Spinoza auf den Dichter gehabt, vielfach überschätzt oder sogar falsch verstanden. Spinoza hatte auf Goethe, der nicht sagen konnte, daß ihm „jemals das ganze Gebäude seiner (Spinozas) Gedanken völlig anschaulich vor der

Seele gestanden hätte“ (an Jacobi) und der in „Wahrheit und Dichtung“ (XVI) schrieb: „Denke man aber nicht, daß ich seine Schriften hätte unterschreiben und mich dazu buchstäblich bekennen mögen,“ - vornehmlich eine ethische Wirkung; er war ein „friedliches Asyl“, zu welchem der Dichter sich im Lebenssturme immer wieder gerne rettete. Und was Spinozas Pantheismus betrifft, so war Goethe im Gegensatz zu seinen vermeintlichen materialistischen Gesinnungsgenossen weit entfernt, ihn als höflichen Atheismus zu deuten; er schreibt vielmehr an Jacobi (1785): „Du weißt, daß mir Spinozismus und Atheismus zweierlei ist“ und nennt Spinoza in einem Briefe an denselben Freund „theissimum, ja christianissimum“! Das heißt also einen ausgesprochenen Theisten und entschiedenen Christen. Daß Spinoza im reichen Gedankenleben Goethes nur eine bescheidene Rolle spielt, hat namentlich Th. Vogel im 15. Band der „Zeitschrift für den deutschen Unterricht“ mit „Nüchternen Erwägungen über Goethes Spinozismus“ ausführlich bereits gezeigt.

Was Goethe in den Augen vieler zum regelrechten Pantheisten stempelt, sind außer gewissen nebensächlichen Bekenntnissen Fausts hauptsächlich der Aufsatz „Die Natur“ und der Gedicht-Zyklus „Gott und Welt“. In jenem Aufsatz handelt es sich, was schon von Carus in seinem „Goethe“ herorgehoben worden ist, nicht um ein Pantheistisches, sondern um die konkrete und menschliche Auffassung eines Abstrakten und Übermenschlichen. Goethe selbst aber ist später über den Inhalt des gedachten Aufsatzes ganz hinausgewachsen. In den Werken findet sich nämlich ein an den Kanzler Friedrich von Müller (1828) gerichteter und „Erläuterung zu dem aphoristischen Aufsatz ‚Die Natur‘“ betitelter Brief, in welchem es u.a. heißt: „Daß ich diese Betrachtungen verfaßt, kann ich mich faktisch nicht erinnern.“ Zu diesem Punkt hat der Goethe-Forscher Rudolf Steiner einmal die Mitteilung gemacht, daß Goethe den Aufsatz tatsächlich nicht selbst niedergeschrieben, sondern auf einem Spaziergang einem gewissen Tobler vorgetragen habe, der ihn dann zu Papier gebracht hat. Am Schluß des Briefes an Müller stehen sodann aber die bedeutsamen Worte: „Liest man obigen Aufsatz, von dem wir ausgingen, nochmals mit Bedacht, so wird man nicht ohne Lächeln jenen Komparativ, wie ich ihn nannte, mit dem Superlativ, mit dem hier abgeschlossen wird, vergleichen und eines fünfzigjährigen Fortschreitens sich erfreuen." Etwa um dieselbe Zeit lehnt er den Pantheismus in einem an seinen Freund gerichteten Brief (Okt. 1831) ab, in welchem vorher von „Frömmlern" die Rede ist: „Einer dieses Gelichters wollte mir neulich zu Leibe rücken und sprach von Pantheismus; da traf er's recht! Ich versicherte ihm mit großer Einfalt: daß mir noch niemand vorgekommen sei, der wisse, was das Wort heißt." Ein andermal wandte er sich vom Pantheismus mit den Worten ab: „Durch die Alleinigkeitslehre wird so viel gewonnen als verloren, und zuletzt bleibt das so tröstliche wie untröstliche Zero übrig."

„Gott und die Welt" wiederum ist so vielseitig, daß es kaum eine Geistesrichtung geben dürfte, die nicht etwas für sich herauspicken könnte, wie denn dieser Gedicht-Zyklus tatsächlich sowohl von Materialisten als von Theosophen ausgeschlachtet wird. In ihm finden sich auch die schon oben (S. 110) erwähnten, von Goethe selbst als „dumm" bezeichneten Verse, sowie mancherlei Unklarheiten. Daß aber solche beim Dichter-Denker überhaupt vorkommen, hat er selbst uns mit den Versen verraten:

„Sage deutlicher, wie und wenn!
Du bist uns nicht immer klar."
Gute Leute, wißt ihr denn,
Ob ich mir's selber war?

Endlich noch das Zeugnis zweier so gründlicher Forscher, wie Eugen Dühring und Hermann Grimm: Spricht jener von Goethes „angeblichem Pantheismus", so nennt dieser die „Existenz eines persönlichen Gottes eine Überzeugung Goethes."

„ER SASS IN DER GÖTTER URÄLTESTEM RAT“

Ich schließe in der Hoffnung, daß das mit dieser Schrift gegebene Zeugnis Goethes recht viele Ungläubige und Zweifler stutzig machen und zum Studium des für die Erforschung des Seelenlebens so außerordentlich wichtigen Okkultismus, des Todfeindes des uns so verderblich gewordenen Materialismus, veranlasen möchte; ist doch Goethe derjenige, dem „der alte ewige Genius, der diese Welt auferbaute, sich mehr anvertraut hat, als je einem andern“ (Emerson) – und der wie kein anderer jener Seher ist, von dem die Worte Schillers gelten:

Er saß in der Götter urältestem Rat
Und schaute der Dinge geheimste Saat.

NACHWORT
von
TRUTZ HARDO

Wer sich eingehend mit Goethes Werken und seinen Gedanken beschäftigt, ist überrascht über das Wissen dieses Universalgeistes, denn nahezu über jedes Gebiet hat er Tiefstes und oft Entscheidendes gesagt. Er studierte für sich eingehend die Bibel und nahm, um den Text des Alten Testaments in der ursprünglichen Sprache lesen zu können, bei einem Gymnasialprofessor Hebräisch-Unterricht. In Leipzig und Straßburg studierte er Jura und schloß als Einundzwanzigjähriger sein Studium mit dem Doctor juris ab. In der elsässischen Universitätsstadt schien er sich auch mehr um die Medizin zu bemühen, denn er lebte in Medizinerkreisen und besuchte deren Kollegs. Sein Anatomieinteresse gipfelte schließlich darin, daß er den letzten noch nicht entdeckten Knochen (Zwischenkieferknochen) im Menschen nachwies. Griechisch, Latein, Französich, Italienisch, Englisch waren neben seiner Muttersprache für ihn nicht nur Lesesprachen. Sein Maltalent hat er immer wieder bei Könnern ihres Fachs weiterbilden lassen und brachte es darin zu beachtlicher Fähigkeit. In Weimar begann er sich für die Naturwissenschaft eingehend zu interessieren, so unter anderem für die Geologie, Anatomie, Botanik, Biologie, Optik, Meteorologie, Mineralogie, Metallurgie, Chemie, Bergwerkskunde – und schrieb manchen für die Wissenschaft wichtigen Beitrag. Auch erledigte er gewissenhaft seine vielen Amtsgeschäfte als Geheimer Rat und späterer Staatsminster, der neben dem Berg- und Wegebau auch für andere Aufgaben wie Militär- und Steuerwesen tätig zu sein hatte. Als Theaterdirektor – als welcher er zusätzlich in vielen Stücken die Regie führte oder gar selbst als Akteur auftrat – brachte er das Weimarer Hoftheater zu neuer Blüte. Außerdem begann er sich im gesteigerten Maße mit der Antike zu befassen und verfaßte bedeutende Artikel über deren Dichter, Kunst und Architektur, wie er sich überhaupt als Kunstkenner deutscher und europäischer Kunst und Dichtung hervortat. Immer wieder vertiefte er sich in das Denken großer Philosophen und stand mit einigen von ihnen wie mit vielen Wissenschaftlern und Künstlern im Briefwechsel. Und – so mag man sich fragen: Wo bleibt aber der Dichter Goethe? Er, der uns solch ein umfangreiches Werk (die Weimarer Sophienausgabe umfaßt 143 Bände) hinterlassen hat, das als „Gesammelte Werke" en bloc neben den Werken Schillers spätestens ab der Gründerzeit als Hausschatz im Bücherschrank jeder bürgerlichen Familie zu finden war, auf das man wohl mit nationalem Stolz schaute, wenn man von „unserem" Goethe sprach. Es bleibt dem Goethekenner immer noch ein nicht zu lösendes Phänomen, wie dieser tatenreiche – und dabei voll das Leben auskostende – Mann ein solch umfangreiches Werk schaffen konnte, dessen größte Werke auch zum sicheren Schatz der Weltliteratur gehören.

Bei solch einem Umfang an mannigfachem Wirken mag es verzeihlich scheinen, wenn ein Goethe-Biograph – unwissentlich oder absichtlich – das eine oder andere Aufgaben- oder Interessensgebiet dieses „Olympiers" unerwähnt läßt. Eines dieser zumeist übersehenen Interessensgebiete ist die Esoterik. Den rational ausgerichteten Goetheforschern fiel es schon immer schwer, Goethes umfangreiche Farbenlehre gegen die empirisch und logisch erschließende Naturwissenschaft zu verteidigen. Aber Literaturwissenschaftler, die selbst keinen Zugang zur Esoterik haben oder sich wohlweislich hüten würden, sich für solch ein Gebiet im Zusammenhang mit Goethe einzusetzen, haben diesen wunden Punkt in der Goetheforschung ausgespart oder verdrängt. So nimmt es nicht wunder, daß Fausts berühmte Verse:

Die Geisterwelt ist nicht verschlossen;
Dein Sinn ist zu, dein Herz ist tot!

nicht – wie sonst wohl so vieles in bezug auf Faust – als Bekenntnis des großen Dichters interpretiert werden, sondern man diese im übertragenen Sinne deutet, womit man sich dem unliebsamen Faktum entzieht, daß der Deutschen berühmtester Dichter wirklich von dem Vorhandensein einer geistigen Welt und deren mannigfache Einwirkung auf unser tägliches Leben überzeugt war. So kamen denn jene Autoren wie Rudolf Steiner (obwohl an der Herausgabe der Sophienausgabe mitwirkend), Franz Hartmann u.a., die in Schriften auf den „anderen Goethe" wiesen, meist nicht aus dem philologischen Lager, sieht man einmal von einigen Literaturwissenschaftlern ab wie Max Morris, Franz Koch und Walter Muschg. Dennoch muß es überraschen, daß gerade ein Naturwissenschaftler diese Lücke mit dem hier vorliegenden Buch zu schließen trachtet, obwohl er darin längst nicht alle Belege deren Vielzahl wegen zusammentragen konnte. Nach langjähriger Beschäftigung mit Leben und Werk des Dichters kommt Max Seiling im Schlußteil des vor uns liegenden Buches zu dem Fazit, daß Goethe „ein vor nichts haltmachender Okkultist und Mystiker" war, eine Behauptung also, die wohl jeder Germanist – hätte er diese gesammelten Belege nicht vorher zur Kenntnis genommen – vehement bestritten haben würde. Denn Goethe hat viele Gesichter, und jeder bespiegelt sich gerne in seinen Lieblingsgesichtern.

Dabei hat doch der größte Dichter deutscher Sprache in seiner Autobiographie „Aus meinem Leben - Dichtung und Wahrheit" – einleitend mit seinem Bekenntnis zur Astrologie und ausklingend mit einer Darstellung des Dämonischen, das als überirdische Führungskraft in sein Leben eingriff – vielfach auf esoterische Einflüsse oder Interessen hingewiesen. Der Glaube an Hexen, Gespenster, Teufel, Engel, Feen, Kobolde u.s.w. waren Bestandteile des Volksaberglaubens, in welchem der junge Goethe ebenso zu Hause war wie wohl jeder andere oder auch mehr, denn die Gestalt des Geisterbeschwörers und Goldmachers Dr. Johannes Faust, als welche diese sich dem Knaben in einem Puppenspiel zum erstenmal präsentierte, zog ihn magisch an und ließ ihn zeitlebens nicht mehr los – ist er doch selbst auf seine Weise ein zweiter Faust geworden, auch wenn er keine Geister herbeizitieren mußte, denn diese waren ohnedies zugegen, gestand er doch „von unsichtbaren Wesen umgeben" zu sein und – man höre und staune – die meisten seiner Dichtungen eingegeben bekommen zu haben, so daß er diese Produkte nicht als seine Erzeugnisse ansehen könne.

Eine wichtige Zäsur in Goethes Leben bedeutete des Neunzehnjährigen Krankheit, die ihn bis an die Schwelle des Todes führte. Sein Arzt, Dr. Metz, selbst praktizierender Esoteriker, gab ihm, als alle Medizin ihm nicht helfen wollte, von seinem selbst zusammengebrauten Geheimelexier, jenem „Universalmittel", woraufhin der Kranke gesundete. Dem Rekonvaleszenten lieh dieser Arzt – dessen Einfluß in der Goetheforschung weit unterschätzt wird – esoterische Literatur, wie sie der Dichter im 8. Buch von „Dichtung und Wahrheit" selbst anführt, worunter sich auch Werke des Paracelsus befanden. (Der Germanist Friedrich Gundolf verweist auf die ähnliche Geisteshaltung Goethes mit diesem Arzt und Esoteriker.) Darüber hinaus las der junge Goethe Jakob Böhme und vor allem das ihm von Susanne von Klettenberg zugegangene Buch von Friedrich Christoph Oettinger „Swendenborgs und anderer irdische und himmliche Philosophie" (1765). Wie sehr dieses Buch von ihm geschätzt worden sein muß, ersehen wir daraus, daß er 1776 ausdrücklich einen Freund bat, ihm jenes Buch über Swendenborg nach Weimar nachzusenden. Von Dr. Metz und Susanne von Klettenberg angeregt, besorgte sich Goethe Kolben und Retorten nebst diversen mineralischen und chemischen Ingredienzen, um wie Faust alchimistisch herumzuhantieren – wohl ebenso angelockt von den geheimnisvollen, ihm vorliegenden Rezepten, wie man Gold, Geheimmedizinen und anderes herstellen könne.

Auch sein Weltbild erfuhr damals einen entscheidenden esoterischen Einschlag. „Ich studierte fleißig die verschiedenen Meinungen, und da ich oft genug hatte sagen hören, jeder Mensch habe am Ende doch seine Religion, so kam mir nichts natürlicher vor, als daß ich mir auch meine eigene bilden könne, und dieses tat ich mit vieler Behaglichkeit. Der neue Platonismus lag zum Grunde, das Hermetische, Mystische, Kabbalistische gab auch seinen Beitrag her, und so erbaute ich mir eine Welt, die seltsam genug aussah."

In Straßburg begegnete der Student dem Theologen Herder, der ihn in mannigfacher Weise entscheidend beeinflussen sollte. „Vor ihm besonders", so sagt der Dichter, „hatte ich gar kein Geheimnis." Doch diese Aussage wird in seiner Autobiographie wieder durch einen folgenden Satz relativiert: „Am meisten verbarg ich vor Herder meine mystisch-kabbalistische Chemie, und was sich darauf bezog, ob ich mich gleich noch sehr gern heimlich beschäftigte, sie konsequenter auszubilden, als man sie mir überliefert hatte." Denn Pastor Herder, durch seinen Lehrer Hamann und durch die Schriften Lessings von der Tatsache der Reinkarnation überzeugt, steckt nun auch den um fünf Jahre Jüngeren von jenem Glauben an. Auf dessen Fürsprache wird der „kleine" Königsberger später als Generalsuperintendent nach Weimar geholt.

Herder lehrt: „Alles verwandelt sich, nichts stirbt." Der zukünftige Mensch verhält sich zu seinem Jetzt „wie die volle Ähre zum kleinen Saatkorn." Wir befinden uns durch viele Inkarnationen hindurch auf einem langen Evolutionsweg geistig-seelischer Entfaltung. Durch diese Ansichten erfährt Goethes esoterisches Wissen eine ungeheuere Bereicherung, zumal Herder unermüdlich seine Gedanken ausbaut, die er seinem jüngeren Freunde noch vor den jeweiligen Veröffentlichungen anvertraut. 1782 erscheinen dessen Gespräche „Über die Seelenwanderung".

Ebenfalls einen nachhaltigen Einfluß übte der Schweizer Geistliche Lavater auf Goethe aus, der analog zur Graphologie in der Physiognomik des Menschen auf dessen Charakter zu schließen und die Gesetze dafür zu finden glaubte. Auch er ist von der Reinkarnation überzeugt und will sogar mit einem Geist (Gablidon) in Verbindung stehen, doch schienen die diesbezüglichen Hinweise in den Briefen den Neu-Weimarer nicht überzeugt zu haben, obwohl, wie dieser nach Zürich schrieb, er geneigter als irgend jemand sei, „noch an eine andere Welt außer der sichtbaren zu glauben.“

Goethe verhält sich okkulten Dingen gegenüber vorsichtig, aber doch unvoreingenommen. Zu leicht kann man hierin Irrtümern aufsitzen und von Geistwesen zum Narren gehalten werden. Er verachtet Leichtgläubigkeit. Er verfügt, wie er sagt, über einen „angeborenen und angebildeten Realismus“. Doch gesteht er hinsichtlich des Aberglaubens – und hierbei mag er auch an das Einwirken der Unsichtbaren gedacht haben – , daß dieser „ein Erbteil energischer, großtätiger, fortschreitender Naturen“ sei, während „der Unglaube das Eigentum schwacher, kleingesinnter, zurückschreitender, auf sich selbst beschränkter Menschen“ wäre.

Sein abergläubisches Verhalten drückt sich oft darin aus, daß er, ohne sich zu verabschieden, plötzlich abreist – wie es auch im Falle seiner Abreise nach Italien geschehen ist – , und zwar aus der durch Erfahrung gewonnen Haltung heraus, daß ein vorweggenommenes Darüberreden den Plan vernichten könne. So hat er sich bei der Entstehung einiger seiner Werke wohl gehütet, jemandem auch nur irgend etwas darüber verlauten zu lassen – wie z.B. im Falle des „Werther“ oder des Versepos „Hermann und Dorothea“. Dies ist der Grund, warum er die Nichtvollendung seiner vielen Fragmente wie z.B. das der „Natürlichen Tochter“ eben auf das voreilige Mitteilen eines noch ungeborenen Werkes zurückführte.

Will man den ersten esoterischen Schub des jungen Goethe den abergläubischen, den des Rekonvaleszenten den alchimistisch-spiritualistischen und den durch Herder, Lavater und die Schriften Lessings herbeigeführten einen palingenetischen (Palingenese = Wiedergeburt der Seele) nennen, so möchte ich den vierten auf ihn entscheidend wirkenden Schub als einen „antiken“ bezeichnen, der schon vor seinem Studium in Leipig durch die Schriften Platons, Ciceros und vieler anderer sicherlich auf ihn eingewirkt hat und seinen ersten Höhepunkt zur Zeit der Niederschrift der „Iphigenie“ gehabt haben dürfte. Denn nicht nur die Tatsache, daß Sokrates über einen ihn belehrenden und leitenden Geist (Dämon) verfügte und selbst der scharfsinnige Cicero an übersinnliche Kräfte glaubte („De Divinatione"), mag auf Goethe einen großen Eindruck gemacht haben, sondern auch die im Altertum allgemeine Geisteshaltung, daß es über- und untergeordnete unsichtbare Wesen gab, die das Leben der Menschen – wie man allgemein annahm – nachhaltig beeinflußten. Goethe fühlte sich zu dieser Welt der Orakel und Gottheiten ebenso hingezogen wie zu deren inspirierter Kunst, war er doch auch der Überzeugung, daß er von unsichtbaren Mächten gelenkt wurde und daß diese selbst noch zu seiner Zeit auf Orakelbefragung hin antworteten, wie er ja sein Messer in die Lahn schleuderte, um durch das erkennbare oder nicht erkennbare Eintauchen desselben eine Antwort auf die Frage zu erhalten, ob er Dichter werden solle oder nicht.

Einen weiteren esoterischen Schub erhält Goethe durch seine 1782 erfolgte Mitgliedschaft in der Weimarer Freimaurerloge „Amalia", denn dort wurde er mit esoterischem Zermoniell und esoterischer Symbolik enger vertraut, obwohl das Logenwesen ihn späterhin nur noch am Rande interessierte und er sich durch seinen Sohn häufig vertreten ließ. Immerhin spricht sein esoterisches Maurergedicht „Symbolon" für sich. In seiner hinterlassenen Bibliothek befinden sich allein etwa zwanzig Schriften und Bücher aus dem Bereich des Freimaurertums. Herder gab ihm auch das Buch von Johann Valentin Andreas „Chymische Hochzeit des Christian Rosenkreuz" zu lesen. Ebenso ist eine weitere Betätigung seinerseits mit dem Gedankengut der Rosenkreuzer (Mathadanus) nachzuweisen. Esoterische Gedanken und Rituale der Rosenkreuzer wurden damals von vielen Freimaurerlogen bereitwilligst übernommen.

Nach diesem freimaurerischen Schub können wir noch einen neuplatonischen erkennen, denn nach Vollendung des Faust I wandte er sich noch intensiver als früher den Schriften Plotins zu und begegnete durch diese der Orphik und dem Pythagoreismus.

Wenn ich versuche, die esoterischen Einflüsse Goethes zusammenzufassen und dabei von Schüben spreche, so will ich damit ein bei ihm vorliegendes Hauptinteresse skizzieren. Selbstverständlich haben durch sein ganzes Leben auch die einmal begonnenen Schübe weitergewirkt. So machte er sich auch später noch Aufzeichnungen über Vorkommnisse aus dem Bereich des Volks- und Aberglaubens, welche oftmals in seinen Werken ihren Niederschlag fanden.

1795-1801 erschienen von seinem Freund, Arzt und späteren Professor der Staatswissenschaft Jung-Stilling die „Szenen aus dem Geisterreich", denen 1808 sein vielgelesenes Werk „Theorie der Geisterkunde" folgte. Daß Goethe sicherlich diese Bücher studiert hatte, entnehmen wir parallelen Ansichten und übernommenen Wortprägungen des alten Goethe, so wenn es z.B. bei Jung-Stilling heißt, daß die „Menschenseele als künftiger Bürger des Geisterreichs in diesem Erdenleben in den tierischen Körper gleichsam verbannet" sei.

In seinem Tagebuch von 1808 finden wir den Vermerk, daß er „nach Tisch Picus von Mirandola, Agrippa von Nettesheim und cabalistische Lehrer" gelesen habe, woraus zu ersehen ist, daß sein In teresse an den Werken großer Esoteriker nicht versiegte. Auch erwirbt er für seine Bibliothek oder für die des Herzogs, des späteren Großherzogs, esoterische Kostbarkeiten. So schreibt er 1829, daß er in den Waldgegenden Thüringens, wo sich von alters her Alchimisten und Laboranten angesiedelt hätten, „ein ganzes Nest mit einem Dutzend Wunderschriften ausgehoben" habe, wovon er nur mit Mühe und Not zwei alchimistische Bücher für die großherzogliche Bibliothek hätte ankaufen können. Bei dem Studium für die Geschichte der Farbenlehre hatte er sich wiederholt mit Alchimisten beschäftigt. Ebenfalls gebraucht er schon in jenem umfangreichen Werk, wenn er von Geheimschriften des Mittelalters und der Renaissance spricht, das Wort „esoterisch".

Goethe zog es vor, seine esoterische Überzeugung dichterisch zu verarbeiten und oft in Symbolen einzukleiden, wovon im besonderen „Das Märchen von der grünen Schlange und der Lilie", „Wilhelm Meisters Wanderjahre", „Der Zauberflöte zweiter Teil" und „Faust II" als Beispiele genannt sein mögen. Im letzteren wird dem künstlich (alchimistisch) erzeugten Hermaphroditen Homunkulus, der wissen will, wie er Mensch werden kann, von Proteus erklärt, daß er als kleinstes Lebewesen im Wasser zu beginnen habe, und der griechische Philosoph Thales fügt hinzu:

Da regst du dich nach ewigen Normen,
Durch tausend, abertausend Formen.
Und bis zum Menschen hast du Zeit.

Die Materialisten sehen hierin eine Vorwegnahme der Darwinistischen Evolutionstheorie. Die Esoteriker hingegen wissen, wie es Goethe meinte, denn es geht hier um die seelische Evolution durch „Äonen" hindurch in stetig wechselnden Formen. Diese Wahrheiten sind Grundüberzeugungen esoterischer Tradition. Zu diesem Thema äußerte sich der Dichter einmal folgendermaßen: Der Saft der Erde wird im Baum „zum edleren Safte", und das Reich der Tiere beseelt sich aus der Zerstörung der Pflanzenformen, der Mensch endlich „gibt und nimmt Leben, er ist, ohne daß er's weiß, das Ziel seiner niedrigen Mitbürger, nach dem sie vielleicht alle unvermerkt geführt werden."

Der Gedanke, daß Geistwesen, um auf unserer Schwingungsebene sehen zu können, sich in einen Menschen begeben müssen, um durch dessen Augen die Welt betrachten zu können, ist wieder von Swedenborg übernommen, ebenso wie die Idee des Erdgeistes. Dies sind nur einige Beispiele von vielen. Somit darf man behaupten, daß das Faust-Drama ohne des Dichters Beschäftigung mit der Esoterik gar nicht die Dimension gewonnen haben könnte, die beide Teile aufweisen.

Goethe galt als großer Schweiger. Und dies trifft besonders auf Esoterisches und Mystisches zu, insofern es sich auf Wissen bezieht, das von den die allgemeine Meinung beherrschenden Klugen nicht nachvollzogen werden kann und deshalb abgelehnt wird.

Sag es niemand, nur den Weisen,
Weil die Menge gleich verhöhnt.

Eigentlich – soweit ich überblicken kann – begegnete der Weimarer Geheimrat keinem geeigneten Gesprächspartner, der den immer esoterischer denkenden Dichter durch intensiven Gedankenaustausch stimuliert und bereichert hätte, denn Riemer, Falk, Soret, v. Müller und Eckermann waren keine Esoteriker, und Lavater, Herder und auch Jung-Stilling konnten sich trotz mutiger esoterischer Auffassungen doch nicht vom biblischen Gedankengut lösen. Für ihn waren gedankliche Einengungen unerwünschte Blockierungen.

Wo Esoterik einseitig wurde, das heißt, wo sie den Menschen am Tätigsein hindern und seinen Lebensschwung aufhalten konnte, riet er immer zur Mäßigung. „Wenn Geister spuken, geh' er seinen Gang", lasse also sich nicht durch die Welt des Übersinnlichen von seiner täglichen Arbeit abhalten.

Frau von Stein wie auch Herders Frau legten ihren Träumen oft zu großes Gewicht bei und ließen sich dadurch zu Ausdeutungen verleiten, die ihre täglichen Verrichtungen beeinträchtigen und sie selbst schwermütig machen konnten. Um ihnen die „verwünschte Aufmerksamkeit auf Träume" wegzunehmen, vergleicht er das Traumreich mit „einem falschen Lostopf", „wo unzählige Nieten und höchstens kleinste Gewinnstchen untereinander gemischt" seien.

Daß Träume jedoch auch Wahrträume beeinhalten können, wußte er nur allzugut – und in seinen Werken finden wir manche Beispiele dafür, hatte doch sein Großvater, der Bürgermeister Textor, u.a. im Traum erfahren, daß am nächsten Tag der Kaiser zu aller Überraschung in Frankfurt eintreffen und daß an einem bestimmten Tag ein Großbrand ausbrechen werde. Seine ihm im Traum zugegangenen Mitteilungen erwiesen sich immer als richtig.

Obwohl Goethe abstritt, dessen außergewöhnliche Fähigkeiten vererbt bekommen zu haben, war er dennoch im höchsten Maß medial veranlagt. Er sagte oft Wetter und Ereignisse im häuslichen Kreise voraus, und sein Diener, bezüglich des vorausgeschauten Erdbebens von Messina befragt, entgegnete: „Was er vorhersagte, war immer richtig.“

In den „Wanderjahren“ berichtet die Visionärin Makarie, daß sie sich in den Weltenraum begeben und den Jupiter mit seinen Monden aus nächster Nähe beschaut habe. Darüber hinaus habe sie „ein und das andere Gestirn“ erblickt (und als solche könnten eigentlich nur Planeten des Sonnensystems in Frage kommen), die jedoch nicht von den Menschen am Firmament mit bloßem Auge erspäht werden können. Tatsächlich entdeckte man erst 1846 und 1930 die beiden Planeten Neptun und Pluto. Mir will es fast so vorkommen, als ob Goethe ebenso wie C.G. Jung, der sich selbst als dessen leiblicher Nachkomme wähnte, ebenfalls Astralreisen durchführte und diese beiden Planeten dabei geschaut haben dürfte. Doch bleibt dies nur eine Vermutung meinerseits, will ich mich doch auch darin nicht festlegen, daß Goethe wie Swedenborg und Sokrates einen „Engel“ beziehungsweise einen „Dämon“ besaß, den er über dergleichen Dinge befragt haben könnte und dessen Antwort er innerlich vernehmen konnte. Hingegen mag folgender Beleg dennoch für eine tatsächliche Geisterkommunikation sprechen: Als Goethe 1923 dem Kanzler v. Müller gegenüber den Vorschlag machte, daß man in seinem Hause allabendlich ein gesellschaftliches Zusammentreffen veranstalten möge, fügte er hinzu: „Ich selbst erscheine und verschwinde wieder, wie der Geist es mir eingäbe.“ Also mag er dennoch einen persönlichen Geistführer besessen haben, der ihm Rat erteilte, gab Goethe doch auch im übrigen zu, daß ihm die Dichtungen eingegeben würden, wiewohl er davon überzeugt war, daß wir alle von Unsichtbaren – allerdings uns unbewußt – beeinflußt und gelenkt werden. („Man glaubt zu schieben, und man wird geschoben.“) Denn das Was ist „verhängt“, das Wie ist zumeist unsere Sache. Während die Kirche alle unsichtbare Beeinflussung auf zwei Nenner bringt, entweder Gott oder Teufel, schreibt Goethe die größeren Geschehnisse einer höheren Leitung oder „Weltregierung“ zu und verwendet dazu Ausdrücke wie Gott, Vorsehung, höhere Geister, Dämonen, hohe Ahnen u.s.w. Jedoch kleine Geschehnisse können von Geistern und Dämonen verschiedenster Kategorie – von wohlwollenden, guten bis zu „retardierenden“, übelwollenden – herbeigeführt werden, für deren Einwirkungen wir uns bedingt schließen oder öffnen können.

Erstaunlich erscheint mir, in welchem Maß Goethe seine prophetisch-präkognostischen Fähigkeiten unter Beweis stellt. So sagte er z.B. den Bau des Suez-Kanals voraus, oder er behauptete gegen jedermanns Überzeugung, daß man den General Moreau nicht zum Tode verurteilen würde. Dieser wurde tatsächlich mit einer Verbannung „begnadigt“. Mit folgender Prophetie scheint er geradezu Nostradamus in den Schatten zu stellen, indem er vorhersah, daß eines Tages die Deutschen von einem verhängnisvollen Schicksal ereilt würden, da „sie sich jedem verrückten Schurken gläubig hingeben, der ihr Niedrigstes aufruft, sie in ihren Lastern bestärkt und sie belehrt, Nationalität als Isolierung und Rohheit zu begreifen.“

Für einen Esoteriker hat das ganze Leben einen Sinn. Es gibt also keine Zufälle. Gleichfalls bekennt Goethe, daß „Zufälligkeiten durch einen unerforschlichen Willen gelenkt werden.“ Alles, was lebt und ist, hat Bedeutung, auch wenn wir diese nicht immer enträtseln können, denn „wir wandeln alle in Geheimnissen“. Goethe interpretierte das ganze Dasein als etwas Symbolisches, denn jede Erscheinung hatte seine Entsprechung auf einer höheren Ebene. Das, was wir sehen, ist nur ein „farbiger Abglanz“ einer geistigen Welt, aus der wir stammen und in die wir wieder zurückkehren. (Diesem Gedanken, daß alles Irdische geistigen Formen auf einer höheren Ebene entspreche, begegnete der Dichter sicherlich zuerst bei Swedenborg.) Auf Erden sind wir Bürger höherer Welten. Durch unsere Inkarnation in eine fleischliche Hülle sind unsere Sinne und unser Denken reduziert, weshalb er von einer „Verdüsterung“ derselben spricht. Trotzdem können wir die „unbekannten höheren Wesen“ „ahnen“. „Der geistreiche (man achte auf die Doppeldeutigkeit dieses Wortes) Mensch, nicht zufrieden mit dem, was man ihm darstellt, betrachtet alles, was sich den Sinnen darbietet, als eine Vermummung, wohinter ein höheres geistiges Leben sich schalkhaft eigensinnig versteckt, um uns anzuziehen und in edlere Regionen aufzulocken."

Es scheint, als ob Goethe das vermummte Geheimnis entschleiert hat und wieder verschleiert – eben mittels der „Dichtung Schleier". Der Stoff, das Sichtbare, Erkennbare ist nur Symbol für etwas Geistiges. Der Dichter verfährt mit seiner Schöpfung wie Gott mit der seinigen. Alles verweist auf etwas Höheres, Subtileres, Ursprüngliches. Es gilt, dafür den Schlüssel zu finden. Der Erkennenwollende ist ein Sucher nach dem Schlüssel. Der Esoteriker hat den Schlüssel und sucht nach dem richtigen Schloß. Der Eingeweihte öffnet das richtige Schloß. Goethe jedoch läßt die geheimnisvolle Tür nicht offen stehen. Er verschließt sie wieder. Doch was er geschaut, kleidet er in die Bildersprache seiner Dichtungen, in welcher sich die Geheimnisse spiegeln, die auf den Leser eine faszinierende Magie ausüben und in ihm ein Ahnen erzeugen, welches an urewige Wahrheiten gemahnt, die in unser aller Unterbewußtsein schlummern.

Goethe hat – wie schon erwähnt – darauf hingewiesen, daß ihm seine Literatur eingegeben, das heißt, diktiert wurde als einem „würdig befundenen Gefäß zur Aufnahme eines göttlichen Einflusses". Es waren also Unsichtbare vorhanden, die sich darum kümmerten, daß er dichtete. Sie arrangierten seine Begegnungen mit Menschen, die für ihn, das heißt für die Dichtung, wichtig waren und die auch oft in seinen Werken ihren Eingang fanden, ja manchmal sogar ihren Namen behielten wie im Falle Gretchen, Lerse und Lotte (Charlotte Buff). Oftmals wurde er von seinen „höheren unsichtbaren Wesen" im wahrsten Sinne des Wortes „angehalten", wie z.B. bei der spontanen Niederschrift seines esoterischen Gedichts „Die Geheimnisse". Er fühlte ihr Einwirken in sein Leben immer deutlicher, und er erkennt, daß Lebenssituationen und Personenkonstellationen wohl durchdacht vorbereitet werden, damit er sie für die Dichtung verwenden kann. Ein gutes Beispiel hierfür bieten die Umstände, die schließlich zur Niederschrift von „Die Leiden des jungen Werther" führten. In Wetzlar verliebte Goethe sich in Lotte, die allerdings schon versprochen war, deren Verlobter jedoch des jungen Juristen Gegenwart in ihrer Nähe, sich seiner Sache sicher wähnend, duldete. Als – heute würden wir sagen – „Referendar" am Reichskammergericht lernte er einen jungen Kollegen namens Jerusalem kennen, der sich ebenfalls unglücklich verliebt hatte, und zwar in die Gattin eines Freundes. Und gerade als Lottes Liebe sich zugunsten ihres neuen Bewerbers und Dichters entscheiden wollte, verließ dieser ohne Abschied die von ihm Geliebte, unzufrieden mit sich selbst und der Welt. Monate später geht die nicht nur in Juristenkreisen alarmierende Nachricht herum, daß Jerusalem sich aus Liebeskummer erschossen habe. Und eben jene Mordwaffe hatte er sich von Lottes Verlobtem entliehen. Diese Nachricht versetzte Goethe „in leidenschaftliche Bewegung", vor allem „wegen dem Ähnlichen", was ihm „im Augenblicke selbst widerfuhr" – hatte er doch ebenfalls an Selbstmord gedacht. Er zog sich auf sein Zimmer zurück und schrieb in vier Wochen „einem Nachtwandler ähnlich" den ganzen „Werther" nieder. Wer diktierte ihm? Eine Frage, die ihn sein ganzes Leben verfolgt hatte. Die griechischen Künstler sprachen von Genien, Musen, Göttern (Hermes) oder Dämonen. Unsichtbare also spielten mit seinem Schicksal, und nicht nur seine Begegnungen mit Menschen, sondern auch jene mit Situationen und Büchern wurden nur deswegen in die Wege geleitet, um ihn Dichtungen erschaffen zu lassen. Oft fühlte er, daß jene es gut mit ihm meinten, ihn geradezu begünstigten mit weltlichen und mit künstlerischen göttlichen Gaben. Doch ließen sie ihn auch körperliche und vor allem seelische Qualen leiden – anscheinend alles oder hauptsächlich um der Dichtung willen. Diesen Zustand beschreibt der Vierundsiebzigjährige in seiner „Marienbader Elegie".

Mir ist das All, ich bin mir selbst verloren,
Der ich noch erst den Göttern Liebling war;
Sie prüften mich, verliehen mir Pandoren,
So reich an Gütern, reicher an Gefahr;
Sie drängten mich zum gabeseligen Munde,
Sie trennen mich und richten mich zu Grunde.

Goethe fühlt sich als Figur, die die Rolle eines Dichters in einem Stück zu spielen hat, das er nicht geschrieben. Sein Glück und Unglück – das seelische Auf und Ab – sind ihm vorgeschrieben. Freuden wechseln sich ab mit Leiden, beide dienen dazu, um seine Dichtungen beim Diktieren mittels selbst durchlebter Gefühle nachvollziehen zu können. Goethe bäumt sich anfangs gegen dieses Dichterlos auf (Prometheus), dann versucht er, in das Beamtentum und in die Naturwissenschaft zu fliehen. Doch alle inneren und äußeren Fluchten helfen ihm nichts. Seine Dämonen zwingen ihn immer wieder zum dichterischen Schaffen.

Diejenigen Menschen, die wie Napoleon, Friedrich und Peter der Große und wie Künstler vom Format eines Raffael, Shakespeare, Mozart, Byron und selbst Paganini – und natürlich zählt Goethe selbst zu diesen – von einem Dämon angetrieben werden, zeichnen sich durch eine „Selbstverständlichkeit" ihres Handelns und einer nicht zum Stillstand kommenden Tätigkeit aus. Sie sind mit ihren Stellungen und Fähigkeiten bedacht worden, um eine höhere Absicht auf Erden zu verfolgen, deren Durchsetzung sie sich nicht zu widersetzen vermögen.

Goethe ist sich immer mehr dieses Eingreifens seitens einer „höheren Weltregierung" bewußt geworden – auch wenn ihm die höhere Absicht dahinter nicht ganz begreiflich war, warum gerade er dichten müsse – und hat sich später ihm ganz ergeben.

Sein Vertrauen in jene, die sein Schicksal leiteten, führte

schließlich soweit, daß er anläßlich der Campagne in Frankreich (1792) bei Kanonenkugeleinschlägen ganz ohne Furcht blieb, denn: „Mir stellt sich, sobald die Gefahr groß ward, sofort ein blinder Fatalismus zur Hand."

Auch muß er immer wieder zu seiner Überraschung erleben, daß „von oben wirkende Wesen" seinen Wünschen nachzukommen pflegen, denn die „übermütterliche Leitung" sorgt dafür, daß wunschgemäß „das Feld trocken" und „die Tenne naß" ist und umgekehrt. „Das Ziel meines Verlangens ist erreicht. Es hängt an vielen Fäden, und viele Fäden hängen daran, Sie (Frau von Stein) wissen, wie symbolisch mein Dasein ist..." Aber ein Mensch, dessen Leben symbolisch ist, ist ein Stellvertreter einer höheren Welt, den „die Befehle höherer Wesen senden". Also werden diese auch für sein Wohl Sorge zu tragen wissen, denn sonst hätten sie ihn nicht herniedergesandt und mit dem Auftrag eines besonders begnadeten Dichters versehen.

So lauerte er oft geradezu darauf, wann sein Dichterdämon ihn wieder zu einer neuen Dichtung oder zur Fortsetzung einer derselben bewegen wolle. Er trug den ihn begegnenden oder ihn besuchenden Menschen ein Wohlwollen entgegen, waren sie ihm doch eventuell von höherer Stelle zugeschickt, aus deren Berichten und eigenen Schicksalen wiederum Stoff für seine Dichtungen zu entnehmen sein konnte. Bei persönlichen Ereignissen versuchte er eine höhere Bedeutung dahinter zu entziffern und nahm es z.B. als Wink des Schicksals, als ihm auf ebener Fahrt anläßlich seiner Reise zu Marianne von Willemer ein Wagenrad brach. Goethe erkannte hierin ein Omen und kehrte um, ja er traf nie wieder Anstalten, die „Suleika" seines „West-Östlichen Diwans" nochmals zu besuchen. Unwissende würden ihn des Aberglaubens zeihen. Doch der Dichter verzeiht sich einen solchen, nennt er ihn doch einen „auf Erfahrung gestützten Aberglauben". So hat er in tausend Dingen unsichtbare Hände in sein Schicksal eingreifen sehen, wenn es auch nicht immer so eindeutig zu erkennen war wie z.B. 1813, als kurz nach der Völkerschlacht bei Leipzig, in welcher der französische Kaiser eine entscheidende Niederlage erlebte, dessen Bildnis „ohne bekannte Veranlassung vom Nagel herabfiel".

Unter Goethes Aussagen befindet sich viel Widersprüchliches, denn auch er ist ein denkend Wachsender. Diese Widersprüche bei ihm kann man sicherlich auch darauf zurückführen, daß es in seiner vielschichtigen Wesensart selbstverständlich auch einen rationalistischen Teil geben muß, dessen Intellekt die Welt anders interpretiert als seine intuitive Geisteshaltung. Diese nährt sich unter anderem von dem, was ihm als Dichter eingegeben wird, denn wie er sagte, mache nicht er seine Gedichte, sondern diese machen ihn. Sein Verstandeswissen läuft sozusagen seinem intuitiven bzw. inspiratorischen Wissen hinterher und muß sich notwendigerweise mit diesem im Widerspruch befinden, da er dieses intellektuell nicht begreifen kann. Der Dichter bekennt sich einmal zu folgender Aussage: „Die größten Wahrheiten widersprechen den Sinnen."

Doch zeichnet sich, je älter und weiser er wird – er selbst nennt sich einmal den „alten Merlin" – ein homogenes Weltbild ab, das voll und ganz als ein esoterisches anzusehen ist: Der Tod ist kein Schreckgespenst, er ist Durchgang zu einem neuen Leben. Goethe läßt der Gedanke an den Tod „in völliger Ruhe", denn er hat „die feste Überzeugung, daß unser Geist ein Wesen ist ganz unzerstörbarer Natur". Und in jenem Trostbrief an seinen Freund Zelter, der den Verlust seines Sohnes beklagt, drückt er seine Zuversicht aus, daß er im Jenseits einer ähnlichen Tätigkeit nachkommen werden könne, wie jener auf Erden ausgeführten. Außerdem hoffe er darüber hinaus, aus der geistigen Dimension in die „Kämme des Weltgetriebes" einzugreifen. Beide letzten Aussagen zusammengefaßt, könnten zu der Vermutung Anlaß geben, daß Goethe es sich vorstellen könnte, im Jenseits die Rolle eines dichtenden Dämons zu übernehmen, der einem auf Erden weilenden Dichter wieder als inspirierender Geist zur Verfügung stehen möchte.

So mögen sich auch die folgenden Verse aus des „Künstlers Apotheose" nicht allein auf wiederholte Erdenleben beziehen:

Denn was ein guter Mensch erreichen kann,
Ist nicht im engen Raum des Lebens zu erreichen.
Drum lebt er auch nach seinem Tode fort
Und ist so wirksam, als er lebte;
Die gute Tat, das schöne Wort,
Er strebt unsterblich, wie er sterblich strebte.
So lebst auch du durch ungemeß'ne Zeit;
Genieße die Unsterblichkeit!

Doch der Glaube Goethes an die Reinkarnation ist für ihn fester Bestandteil und hat mannigfach in seinen Dichtungen einen Niederschlag gefunden, wie dieser sich vielleicht in den hier wiedergegebenen Versen aus „Gesang der Geister über den Wassern" am schönsten ausgedrückt findet:

Des Menschen Seele
Gleicht dem Wasser:
Vom Himmel kommt es,
Zum Himmel steigt es,
Und wieder nieder
Zur Erde muß es,
Ewig wechselnd.

Was hätte der Weimarer Dichterfürst wohl dazu gesagt, wenn er von der uns heute zur Verfügung stehenden Möglichkeit gewußt hätte, daß man sich im Trancezustand an seine früheren Leben in aller Deutlichkeit zurückerinnern könnte, daß also unser Unterbewußtsein die gesammelten Erfahrungen unzähliger Leben – auch die als Pflanze und Tier – gespeichert bewahre? Hätte er nicht gerne herausgefunden, in welchem Leben Frau von Stein seine Frau gewesen war, um das, was er intuitiv als wahr empfand, auch von einer anderen Seite her bewiesen zu sehen?

Und wissen wir von seinem Glauben an die Reinkarnation, so werden wir auch seinen Ausspruch richtig verstehen: „Leben ist ihre schönste Erfindung, und der Tod ist ihr Kunstgriff, viele Leben zu haben."

Im Jenseits – so die Auffassung des Esoterikers Goethe – werden wir unsere Verwandten und Bekannten wieder treffen. Dort werden wir belohnt für unsere irdischen Taten, weshalb es wichtig ist, im Leben die „Kräfte des Guten" nicht zu versäumen. So verkünden uns auch die jenseitigen Geister und Meister durch ihren Dichter:

Hier winden sich Kronen
In ewiger Stille,
Die sollen mit Fülle
Die Tätigen lohnen!
Wir heißen euch hoffen!

Goethe lehnte zeitlebens die Lehre der Erbsünde ab, und selbst Sünderinnen wie z.B die Kindsmörderin, „sonst Gretchen genannt", werden erlöst zum einen durch Reue, Buße, also seelische Reinigung, zum andern aber durch die höhere Liebe. Auch Faust, der sich „in seinem dunklen Drange" des „rechten Weges wohl bewußt" ist – obwohl auch er ein „Sünder" – findet seinen Weg in das lichtvolle Jenseits, vor allem, da Gretchen für ihn betet und die Liebe von oben an seinem schnellen Aufstieg mitwirkt. Und jener Faust, der sich alsbald körperlich verjüngt, ist schon für eine neue Tätigkeit als Lehrer der „seligen Knaben" vorgesehen. Seine schnelle Verwandlung mag nicht erstaunen, erfahren wir doch, daß er ein „edles Glied der Geisterwelt" ist, was auch wohl so zu verstehen sein mag, daß er schon vor seiner letzten Erdengeburt zu dieser Geisterschar gezählt haben mochte. Hier ist sicherlich wieder eine Parallele zwischen dem Dichter und seiner Faustgestalt zu sehen. Und den Dichter

Klopstock nennt er einmal einen „Stellvertreter höherer Wesen", was sicherlich ebenso auf ihn zutrifft.

Die Erde ist nur eine Schule für eine Welt von Geistern. Und die höheren Wesen im Diesseits und Jenseits bemühen sich darum, die jüngeren Seelen „heranzuziehen". Der ältere Goethe verhält sich zur Welt wie ein aus den „Gefilden hoher Ahnen" herab zur „Pflanzstätte" Erde gesandter Obergärtner, der beabsichtigt, einmal an Ort und Stelle nach dem Rechten zu sehen, ob auch alles wunschgemäß gedeihe, und den Pflanzen in ihrem Wuchs Mut zuzusprechen mit der Zusicherung, daß ihr Dasein nicht sinnlos sei, sondern einen höheren Zweck verfolge, der ihnen einmal in einem höher gelegenen Garten offenbart werden würde.

Im Jenseits befinden sich zur seelischen Weiterentwicklung – wie er es nennt – „viele Provinzen", während zur Reinkarnation in einer stofflichen Welt nicht nur die Erde zur Verfügung steht, sondern auch andere Gestirne, auf denen sich die Menschen schon weiter als diejenigen der Erde entwickelt haben und wo es auch weiterhin „noch Nüsse genug zu knacken geben" wird. Wir erstaunen, wie – esoterisch gesehen – „modern" dieser Dichtergeist in seinem Denken war.

In der ganzen Schöpfung gibt es keine Ruhe. Alles ist in Bewegung. „Ich denke mir die Erde mit ihrem Dunstkreis gleichnisweise als ein großes lebendiges Wesen, das im ewigen Ein- und Ausatmen begriffen ist." Mag es auch sein, daß Gott „abermals alles zusammenschlagen muß zu einer verjüngten Schöpfung", so sind die Seelen doch unsterblich. Alles bewegt sich trotz aller Neugestaltungen in der Schöpfung unentwegt spiralenförmig „hinan". Wohin? Wer vermag es zu sagen? Goethe hat Hemmung, diese Urquelle mit Namen zu nennen. Denn solche wie Gott, All-Erhalter, Schöpfer und dergleichen reichen ihm nicht mehr aus. Auch will er an diesem letzten und größten Geheimnis nicht rühren. Denn nicht nur sein Unvermögen, aber vor allem auch seine Ehrfurcht vor dem Ungenannten verbieten ihm ein solches, ist es für ihn doch eine „Grundlage wahrer Weisheit“, „Ehrfurcht vor der uns umgebenden geheimnisvollen Macht in allem zu haben und zu behalten“.

Doch das, was uns wie ein Magnet „hinanzieht“, ist die urewige, die höchste Liebe, welche er als „das Ewig-Weibliche“ bezeichnet.

So ist es die allmächtige Liebe,
Die alles bildet, alles hegt.

Und die Jenseitigen wissen um die Bedeutung dieser höheren Liebe. Sie üben sich darin:

Denn das ist der Geister Nahrung,
Die im freisten Äther waltet:
Ewigen Liebens Offenbarung,
Die zur Seligkeit entfaltet.

In kaum eines anderen Dichters Werk befinden sich so viele Weisheiten eingestreut wie bei Goethe. Und viele Zitate werden Esoteriker besonders ansprechen, wovon ich drei Beispiele auswählen will:

Wie kannst du dich so quälen!
Geh in dich selbst!
Entbehrst du drin
Unendlichkeit in Geist und Sinn,
So ist dir nicht zu helfen.

Möge die Idee des Reinen, die sich bis auf den Bissen erstreckt, den ich in meinen Mund nehme, immer lichter in mir werden.

Sei du im Leben wie im Wissen
Durchaus der reinen Fahrt beflissen.

Wiewohl Goethe immer wieder vor Leichtgläubigkeit auch in Hinsicht auf Aberglauben und Geistern warnte und die Machenschaften von Hochstaplern wie Caliostro (man lese das Theaterstück „Der Großkophta") anprangerte, so stand er doch Entdeckungen, die dem Unerklärbaren abgerungen wurden, sehr unvoreingenommen gegenüber. Als die Wissenschaft die Existenz vom Himmel heruntergefallener Steine kategorisch bestritt, war er von der außerirdischen Herkunft dieser Meteore überzeugt. Dem Mesmerischen Magnetismus gegenüber zeigte er Neugier und hoffte, Mesmer in der Schweiz kennenzulernen, auch wenn er es für besser hielt, wenn sich nur Ärzte damit beschäftigten, um der Hochstapelei seitens Unbefugter vorzubeugen. In den „Unterhaltungen deutscher Ausgewanderten" erzählen sich Flüchtlinge untereinander Geschichten, unter anderen solche, in denen es kräftig spukt. In einer dieser Geschichten ereignen sich in der unmittelbaren Nähe einer Vierzehnjährigen Spukphänomene, die man auf das Einwirken eines ihr wohlwollenden „Schutzgeistes" zurückführt. An dieser Stelle läßt Goethe einen der Zuhörer sagen: „Es ist schade, daß man solche Vorfälle nicht genau untersucht." Auch forderte er bei anderer Gelegenheit die Wissenschaftler auf, das Wünschelrutenphänomen zu untersuchen. Es ist bis heute noch nicht geschehen. Man kann sich sicherlich vorstellen, wie sehr der große Dichter die Parapsychologie als Lehrfach an Universitäten begrüßt haben würde.

Somit bewies Goethe den noch nicht erklärbaren Erscheinungen gegenüber eine erstaunliche Offenheit und Vorurteilslosigkeit, hatten ihn doch mancherlei Phänomene zum denkenden Kenner gemacht: „Der kalt und einseitig urteilenden Welt ist nicht zu verargen, wenn sie alles, was phantastisch hervortritt, für lächerlich und verwerflich achtet; der denkende Kenner der Menscheit aber muß es nach seinem Wert zu würdigen achten."

Den Leser bitte ich um Verzeihung, wenn ich an dieser Stelle folgenden hypothetischen Gedanken einzuflechten wage: Was wäre, wenn Goethe hundert Jahre später gelebt haben würde und von all den großen paraphysikalischen Entdeckungen gelesen hätte, die berühmte Wissenschaftler ihrer Zeit wie Crookes, Zöllner, Richet, Schrenck-Notzing*) der Welt des Phänomenalen abgerungen hatten? Hätte Goethe, der zu seiner Zeit mit vielen Wissenschaftlern, deren Forschungen die seinen berührten oder befruchteten, in brieflichem Kontakt stand, nicht ebenfalls an ihren Erforschungen indirekt oder direkt teilgenommen und vielleicht alles daran gesetzt, einer Materialisation oder Levitation beiwohnen zu können wie sein späterer Dichterkollege Thomas Mann, dessen „okkulte" Erfahrungen ebenso zu Buche schlugen (man lese im „Zauberberg" das Kapitel „Fragwürdigstes"), wie bei ihm selbst okkulte und mystische Begebenheiten – seien sie erlebt, er-lesen oder gehört – ihren Weg in seine Dichtungen fanden?

Und – eine zweite Mutmaßung meinerseits – würde ein Goethe, so er heute lebte und dichtete und gar Esoterik mit in seine Dichtung einzuflechten wagte, von den Kritikern aus eben diesem Grunde übersehen oder abgelehnt werden, ist es doch eine „ausgemachte" Sache, daß Schriftsteller, die an Geister, Jenseits und Reinkarnation glauben und gar noch die Verwegenheit besitzen, darüber zu schreiben, nur unseriös sein können, zumal der heutige Literaturpapst freimütig bekennt: „Ob ich an ein Leben nach dem Sterben glaube? Hier meine Antwort: Nein!" – und damit die Tendenz skizziert, unter welchen Richtlinien materialistischer Geisteshaltung literarische Werke auf ihre Aussage hin zu beurteilen sind. Hätte also ein moderner Goethe heute eine Chance, gelesen zu werden?

Sicherlich, auch wenn die Kritiken der Verbreitung seines Werkes hinderlich wären. Denn eine neue Generation wächst heran, die gerade den okkulten Phänomenen vorurteilslos gegenübersteht, ja, die bereit ist, in sich zu gehen, um neue Dimensionen ihres Seins zu erforschen. Ihnen würde Goethe immer willkommen sein.

---

*) Der Pysiker Professor Werner Schiebeler veröffentlicht das Tatsachenmaterial der Jenseitsforschung und ihrer großen Pioniere in zwei Bänden:
1.) „Der Tod, die Brücke zu neuem Leben – Beweise für ein persönliches Fortleben nach dem Tod" (Verlag „Die Silberschnur", Melsbach, Herbst 1988)
2.) „Aus der jenseitigen Welt – Wirkungen und Erscheinungen – Der Bildbericht eines Physikers" (Verlag „Die Silberschnur",Melsbach, Herbst 1989)

Und der „alte" Goethe wird sich dem Leser dieses Buches sicher in neuer Gestalt präsentieren, den man u.a. seines Mutes wegen, sich zu dem zu bekennen, was den meisten Menschen un-ein-sichtig ist, besonders schätzen wird.

VERMÄCHTNIS

Kein Wesen kann zu nichts zerfallen
Das Ewige regt sich fort in allen,
Am Sein erhalte dich beglückt!
Das Sein ist ewig; denn Gesctze
Bewahren die lebend'gen Schätze,
Aus welchen sich das All geschmückt.

Das Wahre war schon längst gefunden,
Hat edle Geisterschaft verbunden,
Das alte Wahre, faß es an!
Verdank es, Erdensohn, dem Weisen,
Der ihr, die Sonne zu umkreisen,
Und dem Geschwister wies die Bahn.

Sofort nun wende dich nach innen,
Das Zentrum findest du da drinnen,
Woran kein Edler zweifeln mag.
Wirst keine Regel da vermissen;
Denn das selbständige Gewissen
Ist Sonne deinem Sittentag.

Den Sinnen hast du dann zu trauen;
Kein Falsches lassen sie dich schauen,
Wenn dein Verstand dich wach erhält.
Mit frischem Blick bemerke freudig
Und wandele, sicher wie geschmeidig,
Durch Auen reich begabter Welt.

Genieße mäßig Füll' und Segen;
Vernunft sei überall zugegen,
Wo Leben sich des Lebens freut.
Dann ist Vergangenheit beständig,
Das Künftige voraus lebendig,
Der Augenblick ist Ewigkeit.

Und war es endlich dir gelungen,
Und bist du vom Gefühl durchdrungen:
Was fruchtbar ist, allein ist wahr;
Du prüfst das allgemeine Walten,
Es wird nach seiner Weise schalten,
Geselle dich zur kleinsten Schar.

Und wie von alters her, im stillen,
Ein Liebewerk nach eignem Willen
Der Philosoph, der Dichter schuf,
So wirst du schönste Gunst erzielen:
Denn edlen Seelen vorzufühlen
Ist wünschenswertester Beruf.

ISBN 3-923781-03-2
mehrfarbig, broschiert
268 Seiten, DM 29,80

Anthony Borgia

Das Leben in der unsichtbaren Welt

Unternehmen wir zum erstenmal – sagen wir – eine Reise nach Amerika, so erscheint es uns zweckdienlich, uns vorher über jenes Land zu informieren, um uns bei unserer Ankunft besser zurechtzufinden. In das Land des Jenseits, jener uns nach unserem irdischen Tod erwartenden „Geistigen Welt", müssen wir aber alle einmal reisen!

HINWEIS:
Im Sommer 1988 wird der Folgeband erscheinen

ISBN 3-923781-09-1
farbig broschiert
156 Seiten, DM 18,80

Hinrich Ohlhaver

Die Toten leben

Dieses Buch macht den Leser mit Deutschlands wohl erstaunlichstem Medium bekannt. Unter den vielen medialen Fähigkeiten, die Elisabeth Tambke ausübte, sind die durch sie bewirkten Materialisationserscheinungen Verstorbener wohl die in ihrer „Leibhaftigkeit" bemerkenswertesten gewesen, die je auf deutschem Boden demonstriert worden sein dürften.

Trutz Hardo: Wohl kaum ein anderes Buch vermag den Leser von einem Leben nach dem Tod und vom Vorhandensein einer Geisterwelt nachhaltiger zu überzeugen.

ISBN 3-923 781-21-0
fartbig broschiert
156 Seiten, DM 19,80

Hildegard Schäfer

WO SCHATTEN IST, IST AUCH LICHT

EIN BUCH ZUR LEBENSHILFE

Das vorliegende Buch der bekannten Autorin ist im besten Sinne echte Lebenshilfe. Es wendet sich an alle Menschen, die mit Problemen, Sorgen, Leid und Kummer belastet sind und zeigt, wie die persönlichen Probleme , Schicksalsschläge und negativen Einstellungen im Leben aufzulösen und in Positivität und Lebensbejahung umzuwandeln sind.

ISBN 3-923781-16-4
mehrfarbig broschiert
176 Seiten, DM 24,80

Gertrud Walter

Unterwegs zur menschlichen Ganzheit

– Eine physisch spirituelle Fastenanleitung –

Dieses auf Erfahrungen der Autorin begründete Buch gibt dem Leser Anweisungen, wie er durch verschiedene Fastenmethoden an Leib und Seele Nutzen für sich ziehen kann. Vor allem derjenige, der nach spirituellen Erfahrungen sucht, findet hier über die anschaulich dargestellten praktischen Anleitungen hinaus ein komplettes Programm zum Wecken und Entfalten seiner übersinnlichen Begabungen. Ein Fastenbuch also, das es für geistig Suchende und Esoteriker bislang nicht gab und das manchen in seiner Entwicklung weiter bringen wird.

ISBN 3-923781-06 7
vierfarbig broschiert
60 Seiten, DM 11,80

Walter Vogt

Du bist Dein Weg

– Meditation –
mit Illustrationen von Didier Guedron

Dieses Büchlein vereinigt tiefsinnige Verse und Sprüche, die den Menschen auf der Suche nach ihrem wahren Selbst behilflich sein werden. Viele Worte des Autors Walter Vogt, der sich schon durch drei weitere Publikationen – im Eigenverlag erschienen – einen Namen gemacht hat, geben im wahrsten Sinne des Wortes „zu denken".

ISBN 3-923781-17-2
farbig broschiert
92 Seiten, DM 15,80
(erscheint im Sept. 1987)

Harold Sharp

Auch Tiere überleben den Tod

Indem das berühmte hellsichtige Medium Harold Sharp seine Erlebnisse mit „verstorbenen" Tieren erzählt, führt er zugleich den Beweis, daß Tiere den Tod überleben und sich aus ihrer jenseitigen Welt ihren irdischen Freunden bemerkbar machen oder zeigen können. Zugleich vermochte es der Autor, mit seinem Astralkörper das Jenseits aufzusuchen und das Erlebte in Erinnerung zu behalten. Somit haben wir in diesem Buch auch einen authentischen Bericht vorliegen über das Leben der Tiere in der jenseitigen Welt.

ISBN 3-923 781-20-2
farbig broschiert
224 Seiten, DM 24,80

Franz Baake

PIA,PIO UND ICH

Der Filmregisseur (Preisträger des Silbernen Bären), Lyriker (2 Buchveröffentlichungen), Therapeut und Parapsychologe *FRANZ BAAKE* erzählt in humorvoller und fesselnder Art, wie er als alleinstehender Vater seine beiden Kinder erzog und ihnen unter anderem auch jene Wahrheiten nahebrachte, welche in der Schule leider unbeachtet bleiben.
Dieses Buch wird nicht nur Eltern von Schulpflichtigen interessieren. Denn der Autor rüttelt oft an falschen Klischeevorstellungen, die von uns allen aufzugeben ihm sehr geboten scheinen. Dieses Buch erscheint uns aus pädagogischer, historischer und esoterischer Perspektive ein sehr wichtiges zu sein.

ISBN 3-923781-07-5
mehrfarbig broschiert,
196 Seiten, DM 24,80
ISBN 3-923781-08-3,
DM 32,– (Geb. Ausg.
mit farb. Schutzumschlag)

Dr. Erik Peters

Die große Morgenlandfahrt

Aus dem Fundus jahrzehntelanger geistiger Beschäftigung mit der Frage nach den ewigen Wahrheiten und den Problemen, denen die großen Wahrheitssucher der Menschheitsgeschichte gegenüberstanden, beschreibt Dr. Erik Peters die Geschichte der europäischen Wahrheitssucher von Pythagoras bis in unser Jahrhundert.

ISBN 3-923781-18-0
farbig broschiert,
124 Seiten, DM 17,80

Hans Sperling

Was die Welt im Innersten zusammenhält

– Versuch eines ganzheitlichen Weltbildes –

Der vielseitig gelehrte Dr. Hans Sperling, der mit über dreihundert Veröffentlichungen auf verschiedenen Gebieten hervorgetreten ist, schreibt am Ende seines Lebens ein Buch, in welchem er den Versuch unternimmt, die Erscheinungen dieses und des jenseitigen Lebens zu einem ganzheitlichen Weltbild zu verknüpfen.